Mini-Übungsbuch
ENGLISCH

W0194835

PONS GmbH
Stuttgart

PONS
Mini-Übungsbuch
ENGLISCH

von
Katja Hald

Auflage A1 [6] [5] [4] [3] / 2015 2014 2013 2012

© PONS GmbH, Rotebühlstraße 77, 70178 Stuttgart, 2010
PONS Produktinfos und Shop: www.pons.de
PONS Sprachenportal: www.pons.eu
E-Mail: info@pons.de
Alle Rechte vorbehalten.

Redaktion: Josefa Díaz, Christine Lippet
Logoentwurf: Erwin Poell, Heidelberg
Logoüberarbeitung: Sabine Redlin, Ludwigsburg
Titelfoto: Vlado Golub, Stuttgart
Einbandgestaltung: Tanja Haller, Petra Schnur, Stuttgart
Layout: one pm, Petra Michel, Stuttgart
Satz: Digraf.pl - dtp services
Druck und Bindung: Gmähle-Scheel Print-Medien GmbH, Waiblingen-Hohenacker

Printed in Germany.
ISBN: 978-3-12-561744-5

WILLKOMMEN

In **kleinen, unterhaltsamen Lernportionen** trainieren und festigen Sie Ihre Grundkenntnisse in Englisch.

Die Kapitel sind **thematisch aufgebaut** und durch leichte, abwechslungsreiche und spielerische Übungen können Sie die wichtigsten Themen der englischen Sprache **wiederholen und üben**.

Zusätzlich finden Sie im Anhang nützliche und interessante Informationen zu **Land, Leuten und Kultur**.

Eine nach Kapitel geordnete **Vokabelliste** im Anhang hilft Ihnen bei Verständnisschwierigkeiten und kann auch zum gezielten Lernen des Wortschatzes dienen.

Nehmen Sie das kleine Buch auch **unterwegs** mit und nutzen Sie die Pausen zwischendurch, um Englisch zu lernen! Üben Sie häufig und in kurzen Etappen: lieber täglich fünfzehn Minuten als nur einmal pro Woche zwei Stunden.

Viel Spaß und Erfolg beim Englischlernern!

Inhalt

1

Suchen Sie die deutsche Übersetzung der Pronomen in der Wortschlange.

1.	we	D T E R H F M A N N W I R N D
2.	it	G R F R E S W Q P J K F B T R
3.	I	U R N B Ä D O G T J U I C H W
4.	she	S W S I E M Ä D C H E N S W K
5.	you	K I R B K I N D U W E M D L S D
6.	they	A O Z F J U S I E D L I C H E R
7.	he	S E F G B P L E E R J W Q X O K

2

Verbinden Sie diese Begrüßungen mit der passenden Antwort.

1. How are you? 3 **A** Yes, that's right.

2. Nice to meet you. 4 **B** And I'm Jane.

3. Excuse me, are you Mrs Walker? 1 **C** Thank you, I'm fine.

4. Hello, my name's Stewart. 2 **D** Nice to meet you, too.

3

Nur eine Antwort ist richtig. Kreuzen Sie an.

1. Was sagt man, wenn man zu Bett geht?

- **A** Nice to meet you.
- **B** Good night. ✗
- **c** Have a nice trip.

2. Was sagt man, wenn man sich verabschiedet?

- **A** It was nice meeting you. Goodbye. ✗
- **B** How do you do?
- **c** Good luck.

3. Wie antwortet man auf die Frage 'Where are you from?'

- **A** Yes, I'm German.
- **B** I'm fine.
- **c** I'm from Berlin. ✗

4. Wie wünscht man einen guten Morgen?

- **A** Have a nice day.
- **B** Nice to meet you, too.
- **c** Good morning. ✗

•••••• **4**

Kreisen Sie in den Minidialogen jeweils das passende Wort ein.

• Hello, are **we / you / he** **1** John Webster?
• **Goodbye / Yes / No**, **2** I'm Robert Miller.

• **I'm / We are / Hello** **3** Melanie Bauer.
• Nice to **meet / be / have** **4** you, Melanie.
• Nice to meet you, **yes / too / in the morning**. **5**

• This **be / are / is** **6** Sally.
• Sally, **hello / this / she** **7** is Melanie Bauer.

• **Where / What / How** **8** do you do?
• How do you **be / do / have**? **9**

•••••• **5**

Schreiben Sie das fehlende Personalpronomen in die Lücke.

> we • he • you • I • they • she • it

1. Helen isn't here. _She_ is a bit late.

2. Mr Brown and I, _we_ are colleagues.

3. Bill isn't from the States. _He_ is from Australia.

4. Mary, where are _you_ from?

5. Oh, _I_ 'm from Italy, too.

6. Dan and Stewart? _They_ are here for the party.

7. Well, _it_ was nice meeting you.

6

Diese Sätze hört man häufig beim Kennenlernen. Verbinden
Sie die passenden Satzhälften.

1. May I introduce — _6_ **A** you do?

2. What's your — _4_ **B** Milano in Italy.

3. Where are — _1_ **C** you to my wife, Mandy?

4. I'm from — _5_ **D** for a company in Paris.

5. I work — _7_ **E** from Scotland?

6. What do — _3_ **F** you from?

7. Are you — _2_ **G** name?

7

Vervollständigen Sie die Tabelle mit den richtigen **simple
present**-Formen von **to be**.

1. I _am_   **4.** we _are_

2. you _are_   **5.** you _are_

3. he/she/it _is_   **6.** they _are_

LÖSUNG

7 1. am; 2. are; 3. is; 4. are; 5. are; 6. are

6 1C; 2G; 3F; 4B; 5D; 6A; 7E •

4 1. you; 2. No; 3. I'm; 4. meet; 5. too; 6. is; 7. this; 8. How; 9. do • **5** 1. she;
2. we; 3. he; 4. you; 5. I; 6. They; 7. it •

1

Ordnen Sie den Flaggen das richtige Land zu.

A Great Britain B Spain C Japan D Australia E Turkey
F Switzerland G Greece H Sweden I Germany

1	2	3
Sweden	Switzerland	Great Britain

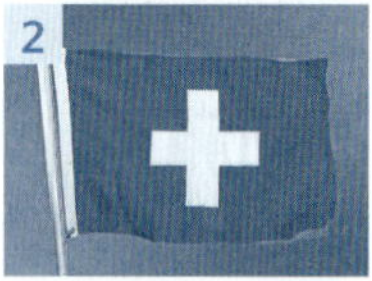

4	5	6
Germany	Japan	Turkey

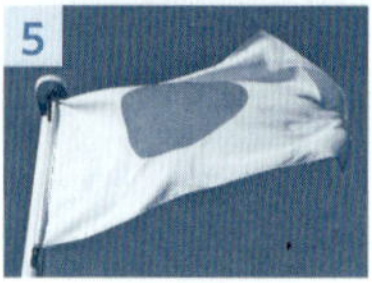

7	8	9
Greece	Spain	Australia

2

Ordnen Sie die Buchstaben so, dass Sie jeweils einen Familienstand ergeben.

1. E I L G N S   *Single*

2. C I V O D R E D   _____

3. A R I R E M D   *Married*

4. I W D D O W E   _____

3

Dieses Formular ist durcheinander gekommen. Verbinden Sie die passenden Teile.

1. First name(s):   7   **A** sferguson@ast.uk

2. Surname: 4   **B** England

3. Address: 6   **C** 0044-4256007623

4. Country: 1   **D** Susan

5. Marital status: 3   **E** S1 Fortisgrey Av, London N2 9LY

6. Phone number: 2   **F** Ferguson

7. E-mail address: 8   **G** 24 April 1974

8. Date of birth: 5   **H** single

LÖSUNG

1 1H; 2F; 3A; 4I; 5C; 6E; 7G; 8B; 9D • **2** 1. single; 2. divorced; 3. married; 4. widowed • **3** 1D; 2F; 3E; 4B; 5H; 6C; 7A; 8G

2

...... **4**

Wie heißt die Nationalität zum angegebenen Land? Die Buchstaben in den orangefarbenen Kästchen ergeben das Lösungswort.

1. Greece

2. France

3. Turkey

4. Holland

5. Spain

6. Great Britain

Lösung: __ __ __ M __ __ Y

...... **5**

Schreiben Sie das Verb in der richtigen present simple-Form in die Lücke.

1. My father _lives_ in Australia. (live)

2. Do you _work_ for a Spanish company? (work)

3. She _speaks_ English and French. (speak)

4. They _like_ to meet new people. (like)

5. Can you _give_ me your phone number? (give)

6. He _walks_ to work every day. (walk)

7. I _am_ Mrs Fox. Nice to meet you. (be)

6

Lesen Sie, was Steven von sich erzählt und entscheiden Sie dann, ob die folgenden Aussagen richtig oder falsch sind. Kreuzen Sie **true** (richtig) oder **false** (falsch) an.

My name is Steven Brown. I was born in Cambridge, England in 1971 on the 15th of September. Now I live with my family in Hastings. I'm married. My wife Jessica and I have two children – a 16 year old daughter and a little boy of three.

	true	false
1. Steven's surname is Hastings.		X
2. His daughter is 16 years old.	X	
3. Steven is single.		X
4. His birthday is on the 16th of October.	X	X
5. He was born in 1971.	X	
6. Steven lives in Cambridge.		X
7. His wife is called Jessica.	X	
8. Steven has two grandchildren.		X

LÖSUNG

4 1. Greek; 2. French; 3. Turkish; 4. Dutch; 5. Spanish; 6. British; Lösung: Germany • **5** 1. lives; 2. work; 3. speaks; 4. like; 5. give; 6. walks; 7. am • **6** 1. false; 2. true; 3. false; 4. false; 5. true; 6. false; 7. true; 8. false

Verbinden Sie die Wörter links jeweils mit ihrem Gegenteil auf der rechten Seite.

1. young	___	**A** blond
2. thin	___	**B** ugly
3. tall	___	**C** rude
4. shy	___	**D** fat
5. happy	___	**E** confident
6. handsome	___	**F** sad
7. dark-haired	___	**G** old
8. friendly	___	**H** short

Welcher Satz beschreibt das Äußere der Personen am besten? Kreuzen Sie an.

1. She is
- **A** angry and old.
- **B** old and happy.
- **C** thin and sad.

2. He has
- **A** a beard.
- **B** a moustache.
- **C** long hair.

3. He is
- **A** blond.
- **B** bald.
- **C** dark-haired.

4. He wears
- **A** a hat.
- **B** sunglasses.
- **C** glasses.

5. She is
- **A** dark-skinned.
- **B** unhappy.
- **C** bored.

6. She is
- **A** fat.
- **B** slim.
- **C** built.

3

Welche Bezeichnungen für Menschen sind hier durcheinander geraten? Schreiben Sie das Wort auf die Linie.

1. L H I C D _____

2. I L G R _____

3. M W A O N _____

4. O Y B _____

❹

In diesem Buchstabengitter haben sich 11 Adjektive versteckt mit denen sich Menschen beschreiben lassen. Können Sie sie finden? Als kleine Hilfe finden Sie die deutsche Übersetzung der Wörter in der Box.

> **verrückt • freundlich • vorsichtig • tapfer • lustig**
> **seltsam • höflich • ruhig • dumm • süß • faul**

Q	U	I	E	T	R	T	G	M	K
A	E	C	S	T	U	P	I	D	S
R	T	J	M	F	W	X	G	B	T
S	E	B	C	R	A	Z	Y	P	R
W	V	R	Z	I	Q	H	I	O	A
E	C	A	R	E	F	U	L	L	N
E	N	V	T	N	S	S	C	I	G
T	K	E	G	D	E	W	B	T	E
R	L	M	E	L	A	Z	Y	E	G
F	U	N	N	Y	E	A	D	V	Y

5

Ergänzen Sie die Sätze mit der fehlenden Form von **to be**, so dass jeweils ein positiver und ein negativer Satz entsteht.

1. I am happy with my new job. – But I _____ happy with my new boss.

2. Frank and Jim _____ fantastic sportsmen. – But they are not very good students.

3. Susan is married. - She _____ single.

4. Peter is in love with Jemma. - He _____ in love with Emma.

5. He _____ a very professional businessman. – But he is not very diplomatic.

6

Schreiben Sie das Verb in der richtigen Form in die Lücke.

1. Sandra _____ many friends. (have)

2. I _____ any brothers or sisters. (not have)

3. _____ you Mrs Wilson? (be)

4. My mother's eyes _____ blue. (not be)

5. Simon _____ wavy hair. (have)

Was ist hier abgebildet? Schreiben Sie das Wort im Plural unter das passende Bild. Die Singularform der gesuchten Wörter finden Sie in der Box.

> **child • cow • ship • woman • foot**
> **tomato • bicycle • man • house**

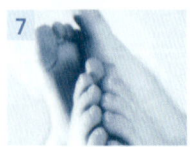

8

Zu wem passen die Beschreibungen? Verbinden Sie.

1. He's green and clever. _____ **A** Bruce Willis.

2. He is a genius. _____ **B** Kermit

3. She's blond and sexy. _____ **C** Barak Obama

4. He's bald and muscular. _____ **D** Marilyn Monroe.

5. He's tall and dark-skinned. _____ **E** Albert Einstein

6. She's pretty and slim. _____ **F** Angelina Jolie

9

Trennen Sie die Wörter dieser Sätze durch Schrägstriche an den richtigen Stellen.

1. F I O N A I S Y O U N G A N D E L E G A N T .

2. M Y P A R E N T S A R E A B O U T S I X T Y .

3. I L I K E Y O U R C U R L Y H A I R .

4. H E L O O K S A N G R Y .

5. H E I S A G O O D - L O O K I N G M A N .

6. S H E S E E M S T O B E E X H A U S T E D .

LÖSUNG

7 **1.** women, **2.** bicycles, **3.** houses, **4.** tomatoes, **5.** children, **6.** ships, **7.** feet, **8.** men, **9.** cows • **8** **1**B; **2**E; **3**D; **4**A; **5**C; **6**F • **9** **1.** Fiona is young and elegant. **2.** My parents are about sixty. **3.** I like your curly hair. **4.** He looks angry. **5.** He is a good-looking man. **6.** She seems to be exhausted.

4

1

A oder **an**? Kreuzen Sie den richtigen Artikel an.

		a	an
1.	artist	☐	☐
2.	American company	☐	☐
3.	teacher	☐	☐
4.	company	☐	☐
5.	interesting job	☐	☐
6.	window	☐	☐
7.	university	☐	☐
8.	housewife	☐	☐

2

Bezeichnen diese Wörter eine Tätigkeit oder einen Beruf?
Schreiben Sie die Wörter in die richtige Liste.

> **A** writer **B** teacher **C** assist **D** designer **E** translate
> **F** sales manager **G** teach **H** design **I** translator
> **J** assistant **K** write **L** sell

Berufe

_____

_____

_____

Tätigkeiten

_____

_____

_____

_____   _____

_____   _____

3

Was sind die folgenden Personen von Beruf? Kreuzen Sie an.

1. I play the piano and
the guitar, too.

- **A** painter
- **B** writer
- **C** musician

2. I work in a hospital and
help people.

- **A** doctor
- **B** teacher
- **C** journalist

3. I repair cars.

- **A** gardener
- **B** car mechanic
- **C** dentist

4. She constructs machines.

- **A** artist
- **B** engineer
- **C** architect

5. Cedric works in a
department store.

- **A** banker
- **B** secretary
- **C** salesperson

6. Denis works for a
newspaper.

- **A** journalist
- **B** fireman
- **C** architect

4

Welche Berufe sind hier abgebildet? Wählen Sie den passenden Begriff aus und schreiben Sie ihn unter das Foto. Achtung, einige Begriffe bleiben übrig.

> doctor • vet • teacher • dentist • secretary • cook
> painter • baker • butcher • actor

1. _____

2. _____

3. _____

4. _____

5. _____

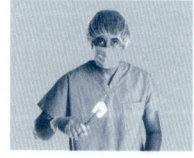

6. _____

5

Wie unterhält man sich über die Arbeit? Kreuzen Sie an.

1. Wie fragen Sie jemanden nach seinem Beruf?
- **A** Do you work?
- **B** What do you do?
- **C** Where are you from?

2. Wie sagen Sie, dass Sie für die Firma CoolPhone arbeiten?
- **A** My job is CoolPhone.
- **B** I work in CoolPhone.
- **C** I work for CoolPhone.

3. Wie sagen Sie, dass Sie im Ausland arbeiten?
- **A** I work abroad.
- **B** I don't work at home.
- **C** I'm a foreigner.

4. Wie sagen Sie, dass Sie halbtags in einer Bank arbeiten?
- **A** I work every day at a bank.
- **B** I work at a bank on Wednesdays.
- **C** I work half-day at a bank.

5. Wie sagen Sie, dass Sie arbeitslos sind?
- **A** I don't work.
- **B** I'm unemployed.
- **C** I'm looking for a job.

Hier sehen Sie verschiedene Generationen einer Familie. Ordnen Sie die Familienmitglieder nach dem Alter. Beginnen Sie mit dem jüngsten Familienmitglied.

1.
■ **A** granddaughter ■ **B** mother
■ **C** grandmother ■ **D** great-grandmother
■ **E** great-granddaughter ■ **F** daughter

Richtige Reihenfolge: _____

2.
■ **A** great-grandson ■ **B** son ■ **C** grandfather
■ **D** great-grandfather ■ **E** father ■ **F** grandson

Richtige Reihenfolge: _____

2

Suchen Sie in der Buchstabenschlange das passende männliche Gegenstück zur weiblichen Bezeichnung.

1. aunt   D U N C L E Q E N N W I R N D

2. sister   G R F R E S W Q P B R O T H E R

3. niece   U R N B N E P H E W U I C H W

4. grandmother   S W G R A N D F A T H E R K O E

5. daughter   K I R B K I N D U S O N D L S D

6. girlfriend   A O Z F J B O Y F R I E N D H I N

7. lady   S E F G E N T L E M A N S R O K

3

Vervollständigen Sie die folgenden Sätze, indem Sie die richtige Form von **be** oder **have** eintragen.

1. Mary and her husband _____ two children.

2. My wife and I _____ three daughters.

3. The eldest daughter _____ 13 years old.

4. My wife's parents _____ from London.

5. My father's date of birth _____ 19.03.48.

6. My husband _____ a big family.

LÖSUNG

1 1. EARBCD, 2. AFBECD • **2** 1. uncle, 2. brother, 3. nephew, 4. grandfather, 5. son, 6. boyfriend, 7. gentleman • **3** 1. have, 2. have, 3. is, 4. are, 5. is, 6. has

Wie sind diese Personen miteinander verwandt? Kreuzen Sie die richtige Antwort an.

1. Mary and Tom are married. Tom is Mary's
- **A** wife.
- **B** nephew.
- **C** husband.

2. Sue is Mary's aunt. Mary is Sue's
- **A** daughter.
- **B** sister.
- **C** niece.

3. My aunt Sue is married to Paul. Paul is my
- **A** uncle.
- **B** father.
- **C** nephew.

4. Sue's and Paul's son has a daughter. She's their
- **A** mother.
- **B** granddaughter.
- **C** sister.

Lesen Sie den Dialog durch. Wer ist mit wem liiert? Nur eine Antwort ist richtig. Kreuzen Sie an.

Sarah: Cheers, Jenny. Now, how are you getting on with Mark?

Jenny: Fine. You know that we are engaged now, don't you?

Sarah: Yes, sure! But Mark lives in Manchester, doesn't he?

Jenny: Yes, I miss him terribly during the week - I hate weekend relationships... How about you? Are you dating anyone?

Sarah: Well,... actually, yes. I'm dating Mike!

Jenny: Our new boss?

Sarah: Yep - I think I'm really falling in love with him.

Jenny: What?!!!

Sarah: I know, I know. It's just that I'm so attracted to him. I have a date with him later on - but don't tell anybody...

Jenny: Of course not...

1. Jenny
- **A** misses Mark.
- **B** loves Mike.
- **C** doesn't like Mark.

2. Jenny's relationship
- **A** is terrible.
- **B** is a weekend relationship.
- **C** isn't very good.

3. Sarah is attracted
- **A** to Mike.
- **B** to Mark.
- **C** to Mark's boss.

4. Sarah has a date with Mike
- **A** during the week.
- **B** at the weekend.
- **C** later on.

6

Verzwickte Familienverhältnisse. Verbinden Sie die Erklärung
mit dem passenden Begriff.

1. She is the mother of my
grand-mother.   ____ **A** uncle

2. He is the brother of my husband.   ____ **B** cousin

3. She is the daughter of my uncle.   ____ **C** great-grandmother

4. He is the brother of my father.   ____ **D** brother-in-law

7

Übersetzen Sie.

1. deine Nichte   _____

2. unser Großvater   _____

3. Ihr Sohn   _____

4. eure Schwägerin   _____

5. seine Tante   _____

6. meine Enkelin   _____

7. ihr Schwager   _____

8. meine Schwiegertochter _____

Lösen Sie das Kreuzworträtsel. Gesucht wird die englische Übersetzung des deutschen Begriffs.

waagrecht:
2. Freund
5. Verwandter
6. Verlobte
7. Papa
8. mein

senkrecht:
1. verlobt
3. Familie
4. sein
9. Eltern

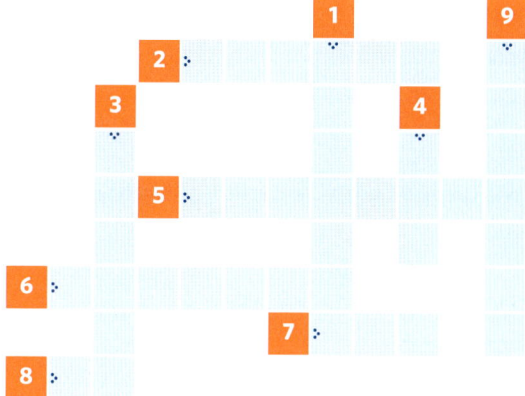

LÖSUNG

6 1C; 2D; 3B; 4A • **7** 1. your niece, 2. our grandfather, 3. your son, 4. your sister-in-law, 5. his aunt, 6. my granddaughter, 7. her brother-in-law, 8. my daughter-in-law • **8** 1. engaged, 2. friend, 3. family, 4. his, 5. relative, 6. fiancée, 7. dad, 8. my, 9. parents

Schreiben Sie die Zahlen als Ziffern auf die Linien.

1. eleven   *11*

2. forty-eight   *48*

3. seventeen   *17*

4. eighty-five   *85*

5. one hundred and four   *104*

6. ninety-nine   *99*

7. three   *3*

8. seven   *7*

2

Rechnen Sie und kreuzen Sie das richtige Ergebnis an.

1. 20 + 13 =

   ■ **A** thirty-one
   ✗ **B** thirty-three
   ■ **C** thirteen

2. 73 - 23 =

   ■ **A** fifteen
   ✗ **B** fifty
   ■ **C** five

3. 108 + 9 =

   ■ **A** one hundred and eighteen
   ✗ **B** one hundred and seventeen
   ■ **C** one hundred and seventy

4. 4 x 4 =

   ■ **A** eight
   ■ **B** sixty
   ✗ **C** sixteen

3

Kreuzen Sie die richtige Uhrzeit an.

1. half past four
- ☐ **A** 4:04
- ☒ **B** 4:30
- ☐ **C** 5:30

2. five to one
- ☐ **A** 11:55
- ☐ **B** 12:05
- ☒ **C** 12:55

3. a quarter to six
- ☒ **A** 5:45
- ☐ **B** 6:15
- ☐ **C** 5:15

4. a quarter past nine
- ☐ **A** 9:05
- ☒ **B** 9:15
- ☐ **C** 9:45

4

Wie spät ist es? Schreiben Sie die Uhrzeit unter die Bilder.

1. It's _one o'clock_

2. It's _6:30, half past six_

3. It's _3:15, a quarter past 3_

4. It's _10:55, five to 11_

5

Verbinden Sie diese Ordnungszahlen mit ihrer Übersetzung.

1. first   *5* **A** zweiundzwanzigster

2. sixty-eighth   *4* **B** sechzehnter

3. forty-third   *6* **C** dreißigster

4. sixteenth   *1* **D** erster

5. twenty-second   *3* **E** dreiundvierzigster

6. thirtieth   *2* **F** achtundsechzigster

6

Schreiben Sie die fehlenden Präpositionen in die Lücken.

Can you come _____**1** Monday 6ᵗʰ _____**2** 12.30?

He's in the office _____**3** 8.30 _____**4** 5.30.

There's a great concert _____**5** January.

> **at • till / to • from • in • on**

7

Welches Datum haben wir?

1. 21.10   _____ **A** It's the twenty-first of October.

2. 30.6.   _____ **B** It's New Year's Eve.

3. 3.9.   _____ **C** It's the thirtieth of June.

4. 31.12.   _____ **D** It's the third of September.

8

Suchen Sie die 12 Monate im Buchstabengitter.

D	E	R	J	U	L	Y	T	C
E	S	E	A	U	G	U	S	T
C	R	V	N	N	K	N	E	M
E	A	J	U	N	E	O	P	F
M	A	P	A	E	L	V	T	E
B	Y	D	R	S	O	E	E	B
E	M	A	Y	I	P	M	M	R
R	A	H	S	I	L	B	B	U
S	R	Q	S	W	R	E	E	A
O	C	T	O	B	E	R	R	R
U	H	I	L	J	G	F	Z	Y

1

Kreuzen Sie jeweils die Beschreibung an, die zum Bild passt.

1. ☐ **A** listen to the radio ☐ **B** watch TV ☐ **C** surf the internet
2. ☐ **A** write a letter ☐ **B** play golf ☐ **C** talk to friends
3. ☐ **A** play cards ☐ **B** watch TV ☐ **C** play with the children
4. ☐ **A** clean the house ☐ **B** read the newspaper ☐ **C** read a book
5. ☐ **A** write a letter ☐ **B** watch TV ☐ **C** play the guitar
6. ☐ **A** go shopping ☐ **B** talk to friends ☐ **C** play tennis

2

Schreiben Sie, wo nötig, die passende Präposition in die Lücke.

1. Sally is writing e-mails _____ her friends.

2. Mandy is talking _____ her colleagues in a pub.

3. Stan is playing _____ the children in the garden.

4. Don is listening _____ his new CDs.

5. Peter is watching _____ television with his girlfriend.

6. Sue and Ellen are going _____ a party.

3

In den folgenden Buchstabenschlangen haben sich Sportarten versteckt. Kreisen Sie ein.

1. S E R T S W I M M I N G U R T E W O N D E R

2. M O R T S W U N F R W S U K L E S K I I N G

3. S U N F I G W I N D S U R F I N G D E W A S

4. T G A R T W R U N N I N G G R U C H I G A W

5. B L A D F O O T B A L L G T E R F U I N G D

LÖSUNG

1 1C; 2A; 3B; 4C; 5C; 6B • **2** 1. to; 2. to; 3. with; 4. to; 5. –; 6. to • **3** 1. swimming, 2. skiing, 3. windsurfing, 4. running, 5. football

Lesen Sie dieses Gespräch zwischen einem Mann und einer Frau. Welche Vorschläge macht er ihr? Kreuzen Sie **true** oder **false** an.

Man: Would you like to go out with me tonight?

Woman: That's very kind of you, but I'm going to a party with David.

Man: Oh. Then let's go to the cinema on Monday.

Woman: I'm afraid I can't. I'm working till 8 on Monday.

Man: Then let's go swimming on Wednesday.

Woman: I'd like that. But I'm meeting my mother on Wednesday.

Man: Oh. We could go to London together at the weekend.

Woman: Yes, that's a good idea.

	true	false
1. Let's go swimming.	▨	▨
2. Let's go to the cinema.	▨	▨
3. Can we meet on Thursday?	▨	▨
4. Would you like to go out for a bike ride?	▨	▨
5. We could go to London today.	▨	▨

Was tun diese Menschen gerade? Schreiben Sie das Verb im **present continuous** in die Lücken.

1. He _____ the newspaper. *(lesen)*

2. They _____ at the beach. *(spazieren gehen)*

3. She _____ coffee. *(trinken)*

4. He _____ golf. *(spielen)*

5. They _____. *(tanzen)*

6. She _____ at a restaurant. *(essen)*

•••••• **6**

Hier sehen Sie Vorschläge und mehrere mögliche Antworten. Kreuzen Sie an, welche Antwort zur Frage passt. Es können auch mehrere richtig sein.

1. Shall we go to the cinema this afternoon?
- **A** That's very kind of you.
- **B** That's a good idea.
- **C** Oh, yes please. Thank you very much.
- **D** I'm afraid I can't. I'm going shopping.

2. Would you like to meet in a pub tonight?
- **A** Yes, let's go to the beach.
- **B** Sorry, I've already made plans.
- **C** Yes, I'd like that.
- **D** I'm too tired, I'm afraid.

3. Let's go shopping together.
- **A** That would be nice.
- **B** That's very kind of you.
- **C** I would prefer to go for a coffee.
- **D** Sorry, I can't. I have to work.

4. Can I get you a taxi?
- **A** That would be nice.
- **B** I'm afraid, I don't have time.
- **C** No, thank you. I can take the bus.
- **D** Oh, yes please. Thank you very much.

7

Hier sehen Sie, was Mary an einem freien Tag so alles macht. Kreisen Sie jeweils das passende Wort ein.

1. At 8.30 Mary is having **lunch / breakfast / dinner** with her family.

2. At 9 Mary is going for a walk with the **dog / car / sunshine**.

3. At 11 she is taking the **boat / bus / plane** to town.

4. At 12.30 she is **calling / meeting / writing** a friend for lunch.

5. At 3.45 she is **reading / having / playing** badminton.

6. At 9 Mary and her boyfriend are watching a **photo / film / drink** on TV.

Wie lautet die korrekte Übersetzung? Kreuzen Sie an.

1. Unsere Fähre fährt um 16.30 Uhr ab.
- **A** Our train departs at half past four.
- **B** Our ferry departs at half past five.
- **C** Our ferry departs at half past four.

2. Wann landet das Flugzeug?
- **A** When does the plane land?
- **B** Why does the plane land?
- **C** Why is the plane delayed?

3. Das Flugzeug fliegt um 8.30 Uhr ab.
- **A** The train leaves at 8.30 a.m.
- **B** The plane leaves at 8.30 a.m.
- **C** The plane arrives at 8.30 a.m.

4. Ich komme um 18 Uhr an.
- **A** I leave at 6.00 p.m.
- **B** I arrive at 6.00 a.m.
- **C** I arrive at 6.00 p.m.

2

Können Sie diese Wörter in die richtige Reihenfolge bringen?

1. Brighton / how / is / much / ticket / a / to / ?

_____

2. like / would / ticket / a / you / one-way / ?

_____

• • • 3

Verbinden Sie die Frage mit der passenden Antwort.

1. When's the next train to Bath? _____ **A** It's just around the corner.

2. Do I have to change trains? _____ **B** No, it's too far. You'll have to take the Tube.

3. Where's the next bus stop? _____ **C** It leaves in ten minutes.

4. Can I walk to the station? _____ **D** No, it's a direct train to Oxford.

• • • 4

Drive, **take** oder **ride**? Unterstreichen Sie das richtige Verb.

1. You should **drive / ride / take** the plane to New York.

2. I'll **drive / ride / take** the ferry to Dover.

3. I've had too much beer. Can you **drive / ride / take** the car, please?

4. Do you know how to **drive / ride / take** a motorbike?

5. Shall we **drive / ride / take** a taxi home?

6. Don't **drive / ride / take** so fast!

Welche Transportmittel sind hier abgebildet? Tragen Sie die Begriffe ins Kreuzworträtsel ein.

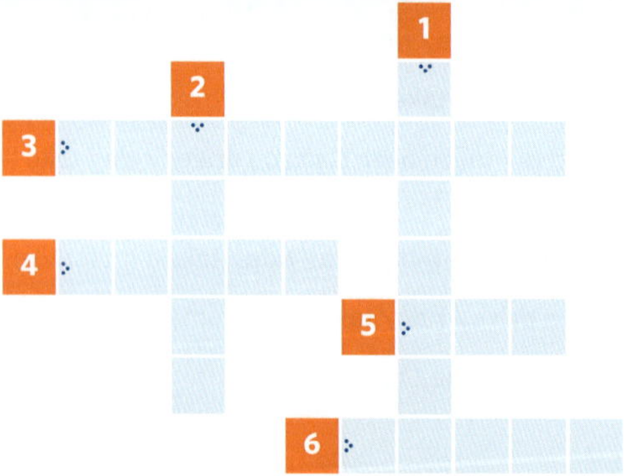

6

Welcher Begriff gibt dem Satz einen logischen Zusammenhang? Kreuzen Sie an.

1. When is the _____?
   A delayed **B** departure time **C** timetables

2. The train _____ from platform 12.
   A leaves **B** arrives **C** lands

3. The ferry _____ at 6.30.
   A lands **B** arrives **C** is delayed

4. I am going to have to _____ my flight.
   A carry **B** pack **C** cancel

5. There is a _____ to my flight.
   A stop **B** delay **C** platform

7

Welches Wort passt nicht zu den übrigen?

1. **A** bicycle **B** ticket **C** motorbike **D** truck
2. **A** boat **B** bus **C** ferry **D** ship
3. **A** take off **B** arrive **C** leave **D** depart
4. **A** station **B** airport **C** money **D** bus stop

Dieser Dialog an einem Bahnhofsschalter ist durcheinandergeraten. Können Sie ihn ordnen?

A Passenger: Good. I'd like two first-class tickets, please.

B Clerk: Just a moment. ... It leaves at 8.25 from platform 1.

C Passenger: Do we have to change trains?

D Passenger: Excuse me, can you tell me when the next train to Liverpool leaves?

E Passenger: That's great! Is the train on time? We don't want to miss our meeting.

F Clerk: Don't worry. This train is always on time. It arrives at ten past nine.

G Clerk: No. It's a direct train.

Richtige Reihenfolge: _____

In diesen Buchstabenschlangen haben sich 4 Begriffe versteckt, die mit Reisen zu tun haben.

1. D Z U W E L U G G A G E F R E T R S E

2. T D W U H A R B O U R B D E I Z X L E

3. K N E I Z T R A V E L L I N G D K L E J N

4. S Z W M F G D E S T I N A T I O N B D G R

Verneinen Sie die Sätze.

1. She takes the next flight to London.

She _____ the next flight to Paris.

2. This is the cheapest airline.

This _____ the cheapest airline.

3. He drives a black Cadillac.

He _____ a pink Cadillac.

4. Their passports are in their handbags.

Their passports _____ in their suitcase.

LÖSUNG

8 DBCGEFA • **9** **1.** luggage, **2.** harbour, **3.** travelling, **4.** destination •
10 **1.** doesn't/ does not take, **2.** isn't/ is not, **3.** doesn't/ does not,
4. aren't/ are not

1

Hier beschreibt jemand seine Stadt. Was ist richtig **there is** oder **there are**? Kreuzen Sie an.

	There is	There are	
1.	▢	▢	a beautiful park.
2.	▢	▢	a lot of good shops.
3.	▢	▢	nice pubs.
4.	▢	▢	a big river.
5.	▢	▢	a lot of hotels.
6.	▢	▢	an interesting museum.

2

Was kann man bei einem Stadtbummel alles machen? Verbinden Sie die Begriffe mit der richtigen Übersetzung.

1. take photographs   ___ **A** *die Sehenswürdigkeiten anschauen*

2. buy souvenirs and gifts   ___ **B** *einen Happen essen*

3. take in the sights   ___ **C** *viel Geld ausgeben*

4. enjoy the nightlife   ___ **D** *das Nachtleben genießen*

5. have a bite to eat   ___ **E** *Souvenirs und Geschenke kaufen*

6. spend lots of money   ___ **F** *Fotos machen*

3

Was ist hier abgebildet? Schreiben Sie die passenden Wörter unter das Bild. Zwei Begriffe bleiben übrig.

church • castle • swimming pool • museum • statue
souvenir shop • bus stop • park

1. _____

2. _____

3. _____

4. _____

5. _____

6. _____

LÖSUNG

1 **1.** There is, **2.** There is, **3.** There are, **4.** There are, **5.** There is, **6.** There is • 2 **1F; 2E; 3A; 4D; 5B; 6C** • 3 **1.** swimming pool; **2.** souvenir shop; **3.** bus stop; **4.** church; **5.** museum; **6.** statue

9

4

Welche Präposition ist hier richtig?

1. The pub's **under / near / over** the river.

2. They live **in / at / behind** a lovely village.

3. I don't live in the town centre, I live **in / on / next to** the outskirts.

4. Have you ever slept **under / over / in** a bridge?

5. The car is parked **on / inside / in front of** the house.

6. There's a nice café **under / opposite / on top of** the post office.

5

In jeder dieser Buchstabenschlangen hat sich ein Wochentag versteckt. Können Sie ihn finden?

1. Z U F R T W E T U E S D A Y R T U K H M N T F

2. H R E T U S D W E D N E S D A Y F R Q O T R U

3. D L K E Z V H S G F A M O S O S A T U R D A Y

4. Z G T H U R S D A Y G R E D A Y K L O R T E W

5. H G R T K L O M O N D A Y Y E W C H G U I L O

6

Testen Sie nun Ihre Landeskundekenntnisse!

1. The biggest city in Scotland is
- **A** Edinburgh.
- **B** Glasgow.
- **C** Dundee.

2. The biggest airport in London is
- **A** John F. Kennedy Airport.
- **B** Gatwick Airport.
- **C** Heathrow Airport.

3. The underground railway in London is called
- **A** the Tube.
- **B** the Metro.
- **C** the Tunnel.

4. A famous museum of modern art in London is
- **A** the Metropolitan Museum of Art.
- **B** the Tate Gallery.
- **C** the Guggenheim Museum.

5. The capital of Canada is
- **A** Vancouver.
- **B** Montreal.
- **C** Ottawa.

Verbinden Sie die Richtungsangaben mit der entsprechenden Übersetzung.

1. Turn left.

2. Go straight.

3. Cross the street.

4. Go towards the big hotel.

5. Go down the stairs.

6. Turn right.

7. Go up the escalator.

8. Go past the park.

A *Nehmen Sie die Rolltreppe nach oben.*

B *Gehen Sie am Park vorbei.*

C *Gehen Sie nach rechts.*

D *Gehen Sie nach links.*

E *Gehen Sie über die Straße.*

F *Gehen Sie in Richtung des großen Hotels.*

G *Gehen Sie geradeaus.*

H *Gehen Sie die Treppen hinunter.*

2

Hier fragt ein Tourist einen Einheimischen nach dem Weg. Können Sie den Dialog in die richtige Reihenfolge bringen?

A Tourist: Thanks. Bye!

B Local: Oh, that's pretty simple. First, go down Station Street, and turn left into Broad Street. Go down the street until you get to the supermarket, and then turn right. Walk down past the taxi rank to the traffic lights, and you will see the town hall. It's next to the museum.

C Tourist: Excuse me, how do I get to the town hall?

D Local: Yes, that's correct.

E Tourist: Um... OK. Sorry, did you say Station Street and then Broad Street?

F Local: No problem. Good luck - I hope you find it!

G Tourist: Well, thank you for your help!

Richtige Reihenfolge: _____

3

Sortieren Sie die Buchstaben der vier Himmelsrichtungen.

1. H S U T O _____   **2.** W S T E _____

3. E T S A _____   **4.** O H N R T _____

Wie bitten Sie richtig um Auskunft? Kreuzen Sie die korrekte Frage an.

1. Sie suchen die Touristeninformation.
- ☐ **A** The tourist information is in the old part of town.
- ☐ **B** Excuse me, where's a travel agent?
- ☐ **C** Excuse me, I'm looking for the tourist information.

2. Sie möchten eine Wegbeschreibung zum Bahnhof.
- ☐ **A** Can you tell me if there's a station?
- ☐ **B** Can you tell me the way to the station?
- ☐ **C** Excuse me, where's the airport?

3. Sie möchten wissen, wo das Hudson Hotel ist.
- ☐ **A** Can you tell me the way to a motel?
- ☐ **B** Excuse me, is there a hotel near here?
- ☐ **C** Excuse me, where's the Hudson Hotel?

Wie lautet die richtige Übersetzung? Kreuzen Sie das entsprechende Wort an.

1. Wollen wir zelten oder in der Jugendherberge übernachten?
Shall we camp or stay at the _____ ?
- ☐ **A** hotel ☐ **B** youth hostel ☐ **C** bed & breakfast

2. Wir machen eine Pauschalreise.
We're going on a _____ .
- ☐ **A** cruise ☐ **B** day trip ☐ **C** package tour

3. Familie Smith ist am Abfertigungsschalter.
The Smith' are at the _____ .
   A platform   **B** check-in counter   **C** information desk

4. Möchten Sie einen Sitz am Gang?
Would you like an _____ ?
   A aisle seat   **B** window seat   **C** back seat

5. Ziehen Sie sich für den Sicherheitscheck den Gürtel aus.
Take your _____ off for the security check.
   A watch   **B** shoes   **C** belt

6

Ein Hotelangestellter gibt dem Gast eine Wegbeschreibung zur nächsten Bank. Schreiben Sie die jeweils fehlenden Begriffe in die Lücken.

> leave • towards • left • straight • on the right • down

Walk _____ **1** to the end of the hall. Then take the

escalator _____ **2** to the ground floor.

Now _____ **3** the hotel and turn _____ **4**.

Walk _____ **5** the big building. The bank

is _____ **6**.

Was ist hier abgebildet? Kreuzen Sie den passenden Begriff an.

- A purse
- B handbag
- C luggage

- A chambermaid
- B receptionist
- C waitress

- A key
- B tool
- C pen

- A sofa
- B double bed
- C single bed

- A driving licence
- B passport
- C notepad

- A lift
- B escalator
- C stairs

2

Ergänzen Sie diesen Dialog an einer Hotelrezeption mit den fehlenden Wörtern.

> swimming • shower • help • person • free • How nights • breakfast • non-smoking

Receptionist: Good afternoon. Can I _____ 1 you?

Guest: Yes, please. Do you have a room _____ 2?

Receptionist: Yes, certainly. I can offer you a double room with

_____ 3.

Guest: Fine. _____ 4 much is it?

Receptionist: We have a special price for three _____ 5

for £145 per _____ 6 per night.

Guest: Is that with _____ 7?

Receptionist: Yes, that's right. And you can get lunch and dinner here in the restaurant.

Guest: Do you have a _____ 8 pool?

Receptionist: I'm afraid not.

Guest: Oh, that's a pity. Is it a _____ 9 room?

Receptionist: Yes. Would you like to see the room? ...

LÖSUNG

1 1C; 2B; 3A; 4B; 5B; 6A • **2** 1. help, 2. free, 3. shower, 4. How, 5. nights, 6. person, 7. breakfast, 8. swimming, 9. non-smoking

3

Verbinden Sie diese Fragewörter mit ihrer Übersetzung.

1. Where?	_3_	**A**	*Was?*
2. When?	_8_	**B**	*Wessen?*
3. What?	_6_	**C**	*Welche / r / s?*
4. Who?	_7_	**D**	*Warum?*
5. How?	_4_	**E**	*Wer?*
6. Which?	_1_	**F**	*Wo / Wohin?*
7. Why?	_2_	**G**	*Wann?*
8. Whose?	_5_	**H**	*Wie?*

 4

Welches Fragewort fehlt hier? Kreuzen Sie an.

1. ___ is your luggage?
- ■ **A** How
- ■ **B** Who
- ✗ **C** Where

2. ___ can I help you?
- ■ **A** When
- ✗ **B** How
- ■ **C** Why

3. ___ will you arrive?
- ■ **A** What
- ■ **B** Who
- ✗ **C** When

4. ___ was your journey?
- ✗ **A** How
- ■ **B** When
- ■ **C** Where

5

Verbinden Sie die Fragen mit den passenden Antworten.

1. Excuse me, do you have a lift?

2. Do you have a single room free?

3. Can we bring our dog?

4. Do you have drinks in the minibar?

5. Excuse me, does the hotel have a restaurant?

____ **A** No, I'm afraid we're fully booked.

____ **B** I'm sorry, but pets are not allowed.

____ **C** Yes, come with me.

____ **D** Yes, orange juice, wine and water.

____ **E** Yes, a restaurant and a bar.

6

Schreiben Sie **do** oder **are** in die Lücken.

1. _____ you here on holiday with your wife?

2. _____ you stay at a youth hostel?

3. _____ you German?

4. _____ you travel a lot?

••••• **7**

Richtig oder falsch? Lesen Sie das Telefongespräch und kreuzen Sie **true** oder **false** an.

Receptionist: Good evening. The Crooked House Hotel. Can I help you?

Caller: Good evening. This is David Jamieson. Do you have a single room free?

Receptionist: No, I'm afraid not. I have a double room with shower.

Caller: Oh. Does it have a television?

Receptionist: Yes, a colour television and a telephone.

Caller: Fine. Do you have a garden?

Receptionist: I'm afraid not. But we have a sunny terrace.

Caller: That's fine. Thank you. Goodbye.

	true	false
1. Der Anrufer fragt nach einem Doppelzimmer.		☒
2. Das Doppelzimmer ist mit Dusche.	☒	
3. Das Hotel hat einen Garten.		☒
4. Der Anrufer möchte ein Boot mieten.		☒
5. Die Zimmer haben kein Telefon.		☒

Welches Wort ist hier gesucht? Die Buchstaben in den orangenen Kästchen ergeben die Lösung.

1. Das britische Wort für Urlaub.

| | | | | | A | |

2. Damit trocknen Sie sich ab.

| | | W | | |

3. Das essen Sie am Morgen.

| B | | | | | | | |

4. Der bringt Ihnen etwas aufs Hotelzimmer.

| | O | | | | | | V | |

5. So heißt der Eingangsbereich eines Hotels.

| | B | | |

Lösungswort:

Welches Wort passt nicht in die Reihe? Kreuzen Sie an.

1. ☐ **A** reception   ☐ **B** room   ☐ **C** lift   ☐ **D** airport

2. ☐ **A** suitcase   ☐ **B** container   ☐ **C** handbag   ☐ **D** backpack

3. ☐ **A** breakfast   ☐ **B** lunch   ☐ **C** chicken   ☐ **D** dinner

LÖSUNG

7 1. false, 2. true, 3. false, 4. false, 5. false • **8** 1. holiday, 2. towel, 3. breakfast, 4. room service, 5. lobby, Lösungswort: hotel • **9** 1D, 2B, 3C

12

1

Handelt es sich hier um etwas zu essen oder um etwas zu trinken? Kreuzen Sie an.

	food	drink
1. juice		☒
2. lemonade		☒
3. rice	☒	
4. potatoes	☒	
5. wine		☒
6. beer		☒
7. blackberry	☒	
8. milk	☒	

2

Welches Gefäß ist abgebildet. Kreuzen Sie an.

1. ☐ **A** a pot ☐ **B** a glass ☒ **C** a cup of coffee

2. ☐ **A** a jar ☐ **B** a bottle ☒ **C** a glass of water

3. ☒ **A** a can ☐ **b** a glass ☐ **C** a bottle of coke

3

Was antwortet man auf die Frage **Would you like a drink?**
Ordnen Sie die Antworten und setzen Sie die Satzzeichen.

1. I'd / orange / please / yes / like / juice / an

Yes, I'd like an orange juice, please

2. for / thank / not / you / me

Not for me, thank you

4

Ergänzen Sie die passende Nahrungsmittelgruppe.

> **meat • dairy • vegetables • fish • fruit • poultry**

1. _____ such as carrots and beans are important for good health.

2. It is also recommended to eat three pieces of _____ per day.

3. Beef, pork and ham are common types of _____.

4. Chicken and turkey are part of the _____ food group.

5. Tuna and trout are of course types of _____.

6. _____ products such as milk and cheese are also a healthy part of your diet.

5

Obstsalat! Hier sind die Buchstaben von verschiedenen
Früchten durcheinander geraten.

1. A B N N A A _____ *(Banane)*

2. P C H E A _____ *(Pfirsich)*

3. P A P E L _____ *(Apfel)*

4. S Y T W R A B E R R _____ *(Erdbeere)*

5. I P N E P A P L E _____ *(Ananas)*

6. A E P R _____ *(Birne)*

 6

Die britischen Gewichtseinheiten und Flüssigkeitsmaße unter-
scheiden sich zum Teil von unseren. Ordnen Sie zu.

1. 1 ounce (oz)   ____ **A** 1,136 l

2. 1 pint (pt)   ____ **B** 453,59 g

3. 1 pound (lb)   ____ **C** 6,348 g

4. 1 quart (qt)   ____ **D** 28,35 g

5. 1 stone (st)   ____ **E** 4,546 l

6. 1 gallon (gal)   ____ **F** 0,568 l

7

Im Englischen gibt es drei Möglichkeiten *viel* bzw. *viele* zu sagen: **much**, **many** und **a lot of**. Können Sie die folgenden Regeln mit dem fehlenden Wort ergänzen?

1. _____ benutzt man in der Alltagssprache in positiven Aussagesätzen.

2. _____ steht vorwiegend in Fragen und Verneinungen vor einem zählbaren Substantiv in der Mehrzahl.

3. _____ steht in Fragen und Verneinungen vor einem nicht zählbaren Substantiv in der Einzahl.

8

Much, **many** oder **a lot of**? Kreuzen Sie an. Aber Vorsicht! Es können auch mehrere Antworten richtig sein.

1. We buy ☐ **A much** ☐ **B many** ☐ **C a lot of** fruit.

2. How ☐ **A much** ☐ **B many** ☐ **C a lot of** onions do we need?

3. Not too ☐ **A much** ☐ **B many** ☐ **C a lot of** sugar, please.

4. How ☐ **A much** ☐ **B many** ☐ **C a lot of** wine is in the bottle?

5. There is ☐ **A much** ☐ **B many** ☐ **C a lot of** salt in my soup.

1

Können Sie sich richtig ausdrücken, wenn Sie auf dem Markt einkaufen? Kreuzen Sie die passenden Fragen an.

1. Wie fragen Sie, ob es Tomaten gibt?
- **A** Do you have any potatoes?
- **B** Are the tomatoes fresh?
- **C** Do you have any tomatoes?

2. Wie sagen Sie, dass sie gerne ein Pfund Äpfel hätten?
- **A** I'd like a pound of apples, please.
- **B** I'd like no pound of apples.
- **C** I like apples very much.

3. Wie fragen Sie was die Kartoffeln kosten?
- **A** Are the potatoes cheap?
- **B** How many potatoes are there?
- **C** How much are the potatoes?

Kennen Sie sich beim Gemüse aus? Sie erhalten das Lösungswort, wenn Sie die englischen Wörter in das Kreuzworträtsel eintragen.

1. Gurke   **2.** Erbse   **3.** Knoblauch
4. Zucchini   **5.** Kartoffel   **6.** Kopfsalat

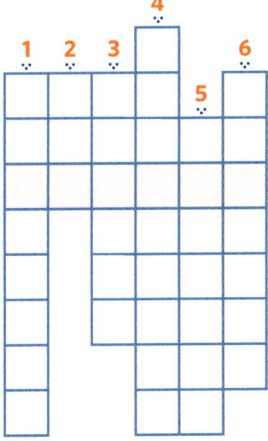

3

Lesen Sie den Dialog und entscheiden Sie dann, was einge-kauft werden muss.

- I'll go shopping this afternoon. What do we need?

- Oh, we need some butter and eggs.

- What about fruit?

- No, we've got a lot of fruit, but we don't have any cornflakes.

- Yes, you're right. I'll get some cornflakes. Shall I buy some milk, too?

- No, I bought milk yesterday, but I forgot the toothpaste.

- All right. I'll buy some toothpaste.

- Oh ... and could you bring a bar of chocolate, please?

- Yes, of course.

	yes	no
1. Obst	☒	☒
2. Cornflakes	☒	☒
3. Eier	☒	☒
4. Zahnpasta	☒	☒
5. Schokolade	☒	☒
6. Milch	☒	☒
7. Butter	☒	☒

4

Verbinden Sie die Lebensmittel mit der passenden Verpackung.

1. a bottle	____ **A**	of bread
2. a packet	____ **B**	of jam
3. a tin	____ **C**	of chocolate
4. a bar	____ **D**	of wine
5. a tube	____ **E**	of toothpaste
6. a loaf	____ **F**	of biscuits
7. a jar	____ **G**	of tuna

5

Schreiben Sie **some** oder **any** in die Lücken.

1. Do you have _____ milk?

2. They don't have _____ mushrooms.

3. I'll buy _____ yoghurt.

4. There aren't _____ eggs in the fridge.

5. We need _____ vegetables.

6. I don't eat _____ sweets.

3 1. no, **2.** yes, **3.** yes, **4.** yes, **5.** yes, **6.** no, **7.** yes • **4** 1D; 2F; 3G; 4C; 5E; 6A; 7B • **5** 1. any, 2. any, 3. some, 4. any, 5. some, 6. any

LÖSUNG

6

Vervollständigen Sie die Sätze mit den fehlenden Wörtern.

> trolley • paying • sell • note • queue • lemons • cashier • till

- She works as a _____ **1** *(Kassiererin)* in a supermarket.

- They _____ **2** *(verkaufen)* a lot of organic food.

- Sorry, I only have a 100 pound _____ **3**. *(Schein)*

- You better get a _____ **4** *(Einkaufswagen)*. We need a lot of things.

- Jim's _____ **5** *(bezahlt)* for his _____ **6**. *(Zitronen)*

- There's a long _____ **7** *(Schlange)* at the _____ **8** *(Kasse)*.

7

Sorry oder **Excuse me**? Was sagen Sie ...

1. ... wenn Sie etwas suchen?

_____, where can I find rice?

2. ... wenn Sie etwas bedauern?

_____, I don't know.

3. ... wenn Sie etwas nicht verstanden haben?

_____?

8

Welches Wort passt nicht zu den übrigen? Kreuzen Sie an.

1. ☐ **A** box   ☐ **B** packet   ☐ **C** tube   ☐ **D** carton

2. ☐ **A** lemonade   ☐ **B** beer   ☐ **C** cheese   ☐ **D** juice

3. ☐ **A** note   ☐ **B** coin   ☐ **C** change   ☐ **D** bag

4. ☐ **A** cup   ☐ **B** trolley   ☐ **C** glass   ☐ **D** mug

5. ☐ **A** euro   ☐ **B** dollar   ☐ **C** pound   ☐ **D** flour

6. ☐ **A** bread   ☐ **B** beef   ☐ **C** pork   ☐ **D** chicken

 9

Ordnen Sie die Produkte dem richtigen Geschäft zu.

1. bread   ____ **A** pharmacy

2. meat   ____ **B** baker's

3. medicine   ____ **C** shoe shop

4. stamps   ____ **D** butcher's

5. boots   ____ **E** post office

LÖSUNG

6 1. cashier, 2. sell, 3. note, 4. trolley, 5. paying, 6. lemons, 7. queue, 8. till
• **7** 1. Excuse me; 2. Sorry; 3. Sorry • **8** 1C; 2C; 3D; 4B; 5D; 6A • **9** 1B; 2D;
3A; 4E; 5C

Diese Dinge finden Sie auf dem Tisch. Können Sie die Buchstaben in die richtige Reihenfolge bringen?

1. N K I F E

2. K O F R

FORK

3. O P O N S

4. A T P L E

5. K A I N N P

6. N M E U

MENU

Wie heißen die drei wichtigsten Mahlzeiten des Tages? Übersetzen Sie.

1. Frühstück   *breakfast*

2. Mittagessen   *Lunch*

3. Abendessen   *Dinner*

3

Es gibt unterschiedliche Formulierungen, mit denen man im Restaurant etwas bestellen kann. Ordnen Sie die deutschen Übersetzungen dem englischen Satz zu.

1. Could I have a glass of mineral water, please?

2. I'll have the trout.

3. I'd like some rice, please.

4. Do you have orange juice?

4 **A** *Haben Sie Orangensaft?*

3 **B** *Ich möchte bitte etwas Reis.*

1 **C** *Könnte ich bitte ein Glas Mineralwasser haben?*

2 **D** *Ich nehme die Forelle.*

 4

Wählen Sie das passende Wort aus.

1. She likes **writing / favourite / to eat** at a restaurant.

2. We'd **like / prefer / rather** have some coffee.

3. *Don Alfredo* is my **best / favourite / liked** Italian restaurant.

LÖSUNG

1 **1.** knife, **2.** fork, **3.** spoon, **4.** plate, **5.** napkin, **6.** menu • **2** **1.** breakfast, **2.** lunch, **3.** dinner • **3** 1C; 2D; 3B; 4A • **4** **1.** to eat, **2.** rather, **3.** favourite

Hier sehen Sie einige Sätze, die in einem Restaurant häufig zu hören sind. Schreiben Sie die fehlenden Wörter in die Lücken. Aber Vorsicht! Einige Wörter bleiben übrig.

> salad • chocolate • salty • plate • house
> meal • order • bit • fork

1. Are you enjoying your _____?

2. Would you like the _____ as a starter?

3. May I take your _____?

4. My soup's a little too _____.

5. We'd like to offer you coffee on the _____.

6. I'll have a piece of _____ cake, please.

Wie möchten Sie Ihr Steak? Verbinden Sie den englischen Begriff mit der Übersetzung.

1. rare   2   **A** rosa

2. medium   3   **B** durchgebraten

3. well-done   1   **C** blutig

7

Worüber beschweren Sich die Gäste? Kreuzen Sie an.

1. My husband ordered his steak well-done, but this is burnt!
- ☒ **A** Der Ehemann hat sich verbrannt.
- ☒ **B** Das Steak ist verbrannt.
- ☒ **C** Das Steak ist gut durchgebraten.

2. This glass is dirty – please get me a clean one!
- ☒ **A** Das Glas ist kaputt.
- ☒ **B** Der Teller ist schmutzig.
- ☒ **C** Das Glas ist schmutzig.

3. These chips are much too oily! I'd like some rice instead.
- ☒ **A** Der Reis ist zu fettig.
- ☒ **B** Das Öl fehlt.
- ☒ **C** Die Pommes sind zu fettig.

4. Waiter, you have forgotten to bring any salt and pepper!
- ☒ **A** Der Kellner hat Salz und Pfeffer vergessen.
- ☒ **B** Der Koch hat Salz und Pfeffer verwechselt.
- ☒ **C** Der Kellner hat zu wenig Salz gebracht.

5. I can't eat my soup with a fork! Please bring me a spoon!
- ☒ **A** Der Gast braucht ein Messer.
- ☒ **B** Der Gast braucht eine Gabel.
- ☒ **C** Der Gast braucht einen Löffel.

8

Lesen Sie den Dialog zwischen einem Kellner und einem unzufriedenen Gast. Sind die folgenden Sätze richtig (**true**) oder falsch (**false**)?

Customer: Excuse me! Waiter!

Waiter: Yes, sir? Can I bring you anything else?

Customer: Well, half an hour ago I asked you to bring me some salt.

Waiter: Oh, yes. I'm sorry, sir. Are you enjoying your meal?

Customer: Well, actually it's cold now and still a bit bland.

Waiter: Oh ... I can heat it up if you want.

Customer: No, thank you. I'd like the bill, please.

Waiter: Certainly. Can I offer you a cup of coffee on the house?

Customer: All right then, but only if it's hot ...

	true	false
1. The customer wants more bread.	▨	▨
2. The waiter forgot about the salt.	▨	▨
3. The food was too hot.	▨	▨
4. The meal is a bit bland.	▨	▨
5. The customer wants to pay.	▨	▨
6. The waiter offers him dessert on the house.	▨	▨

9

Diese Sätze brauchen Sie beim Bezahlen. Können Sie die Wörter in die richtige Reihenfolge bringen?

1. the / bring / Could / bill, / please / you / ?

_____

2. like / I'd / to / credit / by / pay / card.

_____

3. keep / You / change / can / the / .

_____

10

Ordnen Sie die Gerichte den Gängen eines Menüs zu.

> **A** salmon **B** chocolate mousse **C** chips **D** apple pie
> **E** noodles **F** soup **G** pizza **H** baked potato **I** salad
> **J** garlic bread **K** ice cream **L** roast chicken

1. starter   **2.** main course **3.** dessert   **4.** side dish

_____   _____   _____   _____

_____   _____   _____   _____

_____   _____   _____   _____

LÖSUNG

8 1. false, 2. true, 3. false, 4. true, 5. true, 6. false • **9** 1. Could you bring the bill, please? 2. I'd like to pay by credit card. 3. You can keep the change • **10** 1. FIJ, 2. AGL, 3. BDK, 4. CEH

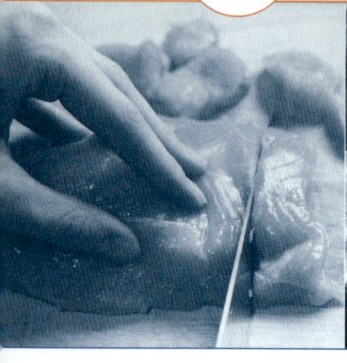 

1

Was bedeuten diese Anweisungen? Kreuzen Sie die richtige Übersetzung an.

1. Mix the lemon juice with water.
- A *Mischen Sie den Orangensaft mit Wasser.*
- B *Geben Sie Wasser in den Mixer.*
- ☒ C *Mischen Sie den Zitronensaft mit Wasser.*

2. Don't overcook the cauliflower!
- A *Lassen Sie den Blumenkohl nicht überkochen!*
- B *Kochen Sie den Blumenkohl nicht zu lange!*
- C *Lassen Sie das Sauerkraut lange kochen!*

3. Buy fresh seafood.
- A *Kaufen Sie frisches Fischfutter.*
- B *Kaufen Sie frische Meeresfrüchte.*
- C *Beißen Sie in frische Früchte.*

2

Hier geht es um Zubereitungsarten von Essen. Ordnen Sie den Definitionen das passende Wort zu.

1. cooked in hot water   ____ **A** baked

2. cooked outside on a barbecue   ____ **B** fried

3. prepared in a frying pan   ____ **C** raw

4. not cooked   ____ **D** boiled

5. cooked with very little hot water ____ **E** barbecued

6. cooked in the oven, for example a cake ____ **F** steamed

3

Können Sie das Gegenteil der vorgegebenen Wörter in der Buchstabenschlange finden?

1. tough   B G J T E N D E R F A S W E R W O
2. fatty   M A F E R T L E A N M D E R T E W
3. bitter   D K L O M N B U T R E S W E E T U
4. dry   K L J U I C Y S E R F O L P G J K M
5. stale   D R O P L I H U J F R E S H I K L O

Schreiben Sie die fehlenden Verben in der richtigen Form in die Lücken des Rezeptes. Wissen Sie wie das Gericht zu diesem Rezept heißt?

> add • chop • heat • fry • serve • stir

1. _____ the onion and the garlic.

2. _____ the oil in a frying pan.

3. _____ the minced meat.

4. _____ the onion, garlic, herbs and a tin of tomatoes.

5. _____ well for about 10 minutes.

6. _____ with spaghetti.

Lösungswort: _____

Aus welchen Zutaten werden welche Gerichte gemacht? Ordnen Sie zu.

1. salt, pepper, vinegar, oil, onions, tomatoes, herbs

____ **A** pancakes

2. eggs, butter, chocolate, flour, sugar, baking powder

____ **B** scrambled eggs

3. milk, eggs, flour, salt

____ **C** chocolate cake

4. salt, pepper, eggs

____ **D** tomato salad

Hier sind Begriffe aus der Küche gesucht! Lösen Sie das Kreuzworträtsel mit den englischen Übersetzungen.

1. Handrührgerät
2. Gewürze
3. Handtuch
4. Toaster
5. Tiefkühltruhe
6. Geschirrspülmaschine

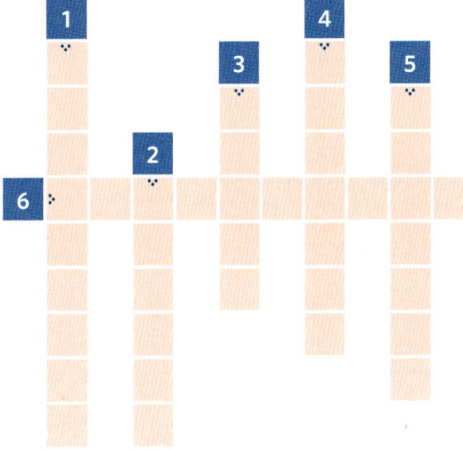

LÖSUNG

4. toaster, 5. freezer, 6. dishwasher
Bolognese • 5 1D; 2C; 3A; 4B. • S 1. handmixer, 2. spices, 3. towel,
4 1. Chop, 2. Heat, 3. Fry, 4. Add, 5. Stir, 6. Serve; Lösungswort: Spaghetti

1

Sehen Sie sich das Informationsschild eines großen Kaufhauses genau an und prüfen Sie dann die untenstehenden Aussagen indem Sie **true** oder **false** ankreuzen.

➤ **5th Floor**	Café, Customer Service, toilets
➤ **4th Floor**	Electrical goods, CDs & DVDs, sports equipment
➤ **3rd Floor**	Children's clothing, toys, baby changing area
➤ **2nd Floor**	Men's clothing & shoes
➤ **1st Floor**	Women's clothing & shoes
➤ **Ground Floor**	Jewellery, cosmetics, leather goods
➤ **Basement**	Books & magazines, stationery, sweets, tobacco

	true	false
1. You can buy a skirt on the first floor.	☐	☐
2. You should go to the basement to buy a pen or a pencil.	☐	☐
3. Teddy bears are on the 4th floor.	☐	☐
4. Men can buy suits on the 3rd floor.	☐	☐
5. The shop sells lipstick in the basement.	☐	☐
6. Go to the 5th floor to wash your hands.	☐	☐
7. You will find handbags and briefcases on the ground floor.	☐	☐
8. You could buy a television on the 4th floor.	☐	☐

2

Welche Kleidungsstücke sind hier abgebildet? Kreuzen Sie an.

1

- ▨ A cardigan
- ▨ B jumper
- ▨ C shirt

2

- ▨ A shorts
- ▨ B trousers
- ▨ C socks

3

- ▨ A skirt
- ▨ B dress
- ▨ C tie

4
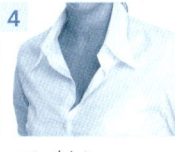
- ▨ A t-shirt
- ▨ B shirt
- ▨ C blouse

5

- ▨ A cap
- ▨ B sandals
- ▨ C shoes

6

- ▨ A dress
- ▨ B suit
- ▨ C scarf

3

Und welche Kleidungsstücke sind hier gesucht?

1. N A R C I D G A _____   **2.** A O C T _____

3. O S O T B _____

4. C T J A K E _____   **5.** M P J U E R _____

LÖSUNG

1 1. true, 2. true, 3. false, 4. false, 5. false, 6. true, 7. true, 8. true • **2** 1C; 2B; 3A; 4C; 5C; 6A • **3** 1. cardigan, 2. coat, 3. boots, 4. jacket, 5. jumper

4

Die Angestellten beim **customer service** beschäftigen sich mit einer Reihe von Beschwerden. Vervollständigen Sie die Sätze mit dem jeweils richtigen Wort aus der Box.

> exchange • **price tag** • **refund** • **overcharged** • **work**
> **complain** • **discount** • **receipt**

- I'd like to _____**1** about the service – it's terrible!

- Could I _____**2** this t-shirt? It doesn't fit. I have

  the _____**3** with me.

- I bought this radio yesterday, but it doesn't

  _____**4**. I'd like a _____**5**, please.

- I think you _____**6** me for these socks: the

  _____**7** says they cost £2, but I paid £3 at the till.

- There's a hole in this tablecloth – can you give me

  a _____**8**?

5

Wie heißt der Komparativ (*1. Steigerungsform*) dieser Adjektive?

1. nice _____*nicer*_____   **2.** pretty _____

3. interesting _____   **4.** big _____

5. good _____   **6.** expensive _____

6

Wählen Sie die richtige Komparativform für die Lücken.

1. The green jacket is ____ than the red jacket.
- **A** smallest **B** smaller **C** small

2. I'd like this jumper in a ____ colour.
- **A** brighter **B** very bright **C** brightest

3. I thought it was _____ to find nice shoes.
- **A** easiest **B** easier **C** easily

4. I like this skirt better. It's _____.
- **A** colourful **B** colourfully **C** more colourful

7

Wählen Sie jeweils das Wort aus, das im Satz am meisten Sinn macht.

1. Those shorts don't **wear / suit / like** you – why don't you **sell / buy / exchange** them?

2. This coat isn't big **enough / too / less** – do you have it in a larger **box / colour / size**?

3. That jacket **costs / fits / works** you perfectly. What does the **money / sleeve / price tag** say?

Verbinden Sie diese Fragen mit ihrer Übersetzung.

1. I'm looking for belts. _____ **A** *Haben Sie diesen Schal in einer anderen Farbe?*

2. Where's the toys department? _____ **B** *Ich suche Gürtel.*

3. Can I help you? _____ **C** *Wo ist die Spielzeugabteilung?*

4. No, thank you. I'm just looking. _____ **D** *Haben Sie das Kleid auch größer?*

5. Do you have this dress in a bigger size? _____ **E** *Kann ich es bitte anprobieren?*

6. Do you have this scarf in a different colour? _____ **F** *Kann ich Ihnen helfen?*

7. Can I try it on, please? _____ **G** *Nein, danke. Ich sehe mich nur um.*

Eines der Wörter passt jeweils nicht in die Reihe. Kreuzen Sie es an.

1. ☐ **A** grey ☐ **B** red ☐ **C** small ☐ **D** pink
2. ☐ **A** socks ☐ **B** hat ☐ **C** boots ☐ **D** sandals
3. ☐ **A** bad ☐ **B** better ☐ **C** higher ☐ **D** smaller
4. ☐ **A** shirt ☐ **B** dress ☐ **C** bag ☐ **D** trousers

In diesem Buchstabengitter haben sich die englischen Begriffe
für 9 Farben versteckt. Können Sie sie finden?

> blau • gelb • rot • grau • grün
> braun • schwarz • weiß • rosa

T	G	F	P	I	N	K
K	R	Z	I	P	F	E
N	E	H	B	A	C	K
B	Y	E	L	L	O	W
L	G	Y	U	O	W	H
A	B	R	E	D	H	I
C	X	J	E	A	U	T
K	G	O	M	E	S	E
E	B	R	O	W	N	H
N	G	I	L	W	D	V

LÖSUNG

8 1B; 2C; 3F; 4G; 5D; 6A; 7E • **9** 1C; 2B; 3A; 4C • **10** blue, yellow, red, grey, green, brown, black, white, pink

...... **1**

Vervollständigen Sie die Sätze mit dem passenden Land-
schaftsbegriff.

1. The Atlantic **Lake / Ocean / Mountain** is on the east coast
of Canada and the USA.

2. The Himalayas are a **mountain range / country / city** in
Nepal.

3. The Nile is one of the longest **ways / lakes / rivers** in the
world.

4. The Black **Hole / Sea / Bear** is a popular beach-holiday spot
for people from Turkey.

5. Europe and Australia are **cities / valleys / continents**.

6. The Caribbean is a **holiday resort / group of islands / desert**.

2

Ergänzen Sie die Tabelle mit den fehlenden Wörtern.

Imperativ	Komparativ	Superlativ
cold	_____ 1	_____ 2
_____ 3	_____ 4	hottest
_____ 5	better	_____ 6
interesting	_____ 7	_____ 8
_____ 9	_____ 10	worst

3

Können Sie die englischen Übersetzungen dieser Sätze in die richtige Reihenfolge bringen?

1. *In Spanien ist das Wetter besser als in England.*
   weather / better / in / England / is / than / Spain / the / in

   _____

2. *Im März ist es nicht so kalt wie im Januar.*
   isn't / January / March / in / it / as / as / cold / in

   _____

3. *Im Haus is es genauso heiß wie im Garten.*
   garden / hot / in / the / as / house / it's / as / in / the

   _____

····· **4**

Wie ist das Wetter? Ordnen Sie die Buchstaben und schreiben Sie das gesuchte Wort in die Lücke.

1. It's _____ (N Y S U N).

2. It's _____ (N G I R N A I).

3. It's _____ (I D Y N W).

4. It's _____ (L U Y C O D).

····· **5**

Kreuzen Sie jeweils das Wort an, das nicht passt.

1. ☐ **A** chilly ☐ **B** heat ☐ **C** freezing ☐ **D** cold

2. ☐ **A** ice ☐ **B** snow ☐ **C** winter ☐ **D** volcano

3. ☐ **A** cold ☐ **B** storm ☐ **C** breeze ☐ **D** wind

4. ☐ **A** winter ☐ **B** summer ☐ **C** cloud ☐ **D** spring

5. ☐ **A** sleet ☐ **B** snow ☐ **C** rain ☐ **D** fog

6. ☐ **A** sun ☐ **B** storm ☐ **C** thunder ☐ **D** lightning

6

Schreiben Sie **the** in die Lücken, wo der bestimmte Artikel fehlt, und einen Strich, wenn **the** nicht passt.

1. Many visitors to Canada imagine a holiday in _____ Rocky Mountains.

2. _____ Mount Robson is one of the highest mountains in the range and is good for hiking and skiing.

3. Visitors to Vancouver can take the ferry across to _____ Vancouver Island.

4. Or they can go on a whale-watching excursion on _____ Pacific Ocean.

5. Visitors to Ontario can take a boat ride on one of _____ Great Lakes, or sail along _____ St. Lawrence River in Quebec.

7

Schreiben Sie die Superlative der Adjektive in die Lücken.

1. Today is the _____ day of the year. *(cold)*

2. He's our _____ swimmer. *(good)*

3. Which is the _____ mountain of the USA? *(high)*

4 1. sunny, 2. raining, 3. windy, 4. cloudy • **5** 1B; 2D; 3A; 4C; 5D; 6A • **6** 1. the, 2. –, 3. –, 4. the, 5. the, the • **7** 1. coldest, 2. best, 3. highest

LÖSUNG

8

Können Sie die fehlenden Wörter im Buchstabengitter finden?

1. Superior, Erie and Ontario are three of the Great _____.

2. Niagara _____ can be seen from Canada and the USA.

3. Tarzan lived with Jane in the _____.

4. The Sahara _____ is in the north of Africa.

5. Poland and Finland are _____ in Europe.

6. Iceland is an _____ in the north of Europe.

7. Mt. Hood is a _____ in the United States.

G	C	H	M	I	S	L	A	N	D
H	O	O	M	N	E	A	U	L	O
E	U	J	O	W	C	K	P	L	I
R	N	A	U	J	X	E	A	D	G
T	T	S	N	N	B	S	C	E	B
Z	R	F	T	A	G	Q	Y	S	E
X	I	K	A	T	K	L	E	E	W
D	E	Q	I	L	S	T	E	R	A
E	S	Y	N	R	L	I	W	T	J
Q	F	K	L	T	U	S	F	V	B

Kreuzen Sie die passende zweite Satzhälften an.

1. She's either in a meeting
- **A** or in my drawer.
- **B** or out for lunch.
- **C** nor at home.

2. My boss speaks neither French
- **A** nor in Italy.
- **B** or at home.
- **C** nor Spanish!

3. The file is either on my desk
- **A** nor in the office.
- **B** or on the bookshelf.
- **C** or on Saturday.

Trenne Sie die Wörter dieser Sätze mit einem Schrägstrich.

1. Theyareworkinghardinthemarketingdepartment.

2. Ihaveexcellentskillsandqualifications.

3. We'relookingforanewsecretary.

Lesen Sie das Bewerbungsgespräch und kreuzen Sie an, ob die folgenden Sätze richtig oder falsch sind.

Mr Haswell: Hello Jim, thank you for coming at such short notice.

Jim: Oh, I'm glad we could arrange a second appointment.

Mr Haswell: Great! Well, your CV is very interesting. You have a lot of work experience and you speak German?

Jim: Yes. I have professional qualifications in German and I spend my holiday there every year.

Mr Haswell: Hmm… your CV also says that you have excellent computer skills.

Jim: Well, I've produced a lot of internet pages. I'm creative and flexible - and I also love travelling. I really think I'd be the right person for the marketing job.

Mr Haswell: Yes, it does sound like that. Well, thank you for your time. We will be in touch next week.

	true	false
1. It is Jim's first appointment.		
2. Jim's CV gives details about his work experience.		
3. Jim has very good computer skills.		
4. He thinks he'd be the right person for the export job.		
5. Jim can start work next week.		

7

Können Sie dieses Rätsel lösen? Alle gesuchten Gegenstände finden Sie an einem Büroarbeitsplatz.

1. Dahinein steckt man einen Brief.

2. Darauf tippen Sie in den Computer.

3. Die spendet Ihnen Licht.

4. Daran sitzen Sie.

5. Ein Schreibgerät.

1.

2.

3.

4.

5.

Lösungswort:

5

Schreiben Sie das englische Wort in die Lücken.

> **even though • when • but • because • that**

1. I'd like to buy a new computer _____ I don't have any money. *(aber)*

2. I met him _____ I was at the fair in Atlanta. *(als)*

3. I couldn't answer your e-mail _____ our server didn't work. *(weil)*

4. We won't buy this printer _____ it's quite cheap. *(obwohl)*

5. It isn't her fault _____ he's angry. *(dass)*

6

Welche Satzhälften gehören zusammen? Ordnen Sie zu.

1. I need to call the hotline ___   **A** and not very professional.

2. He wasn't in the office ___   **B** because my computer doesn't work.

3. I told the boss ___   **C** so I called him at home.

4. The meeting was boring ___   **D** and ask if she can change the reservation.

5. You should call your secretary ___   **E** that I want more money.

3

Wie heißen diese Firmenabteilungen? Kreuzen Sie an.

1. *Geschäftsleitung*
- **A** maintenance
- **B** management
- **C** administration

2. *Personalabteilung*
- **A** production
- **B** human resources
- **C** public relations

3. *Verwaltung*
- **A** data processing
- **B** customer service
- **C** administration

4. *Rechnungswesen*
- **A** accountancy
- **B** production
- **C** management

4

So können Sie jemanden nach seiner Meinung fragen. Ordnen Sie die richtige Übersetzung zu.

1. What do you think of our new boss?
2. How do you like their web site?
3. What can you recommend?
4. How do you feel about the new project?

____ **A** *Was können Sie empfehlen?*

____ **B** *Wie gefällt dir ihre Website?*

____ **C** *Was hältst du von unserem neuen Chef?*

____ **D** *Was hältst du von dem neuen Projekt?*

Hier sehen Sie Gegenstände, welche Geschäftsleute oft mit sich führen. Kreuzen Sie den richtigen englischen Begriff an.

1

- **A** sheet
- **B** notepad
- **C** business card

2

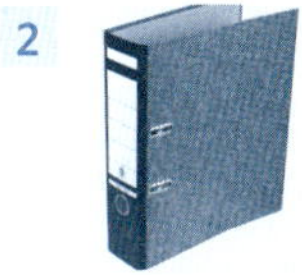

- **A** cartoon
- **B** paper box
- **C** file

3

- **A** printer
- **B** laptop
- **C** screen

4

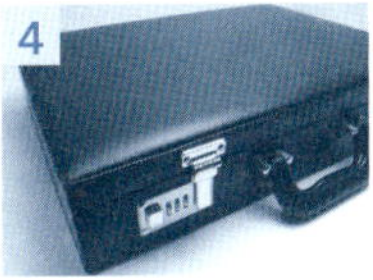

- **A** briefcase
- **B** suitase
- **C** handbag

5

- **A** novel
- **B** diary
- **C** magazine

6

- **A** phone box
- **B** mobile phone
- **C** palm

Wie heißen die folgenden Qualifikationen auf Englisch?

1. computer skills

2. work experience

3. flexibility

____ **A** *Flexibilität*

____ **B** *Computerkenntnisse*

____ **C** *Arbeitserfahrung*

In diesen Buchstabenschlangen haben sich Musikinstrumente versteckt. Können Sie sie finden?

1. C H U E R L P J S A X O P H O N E N H E G Z

2. S I O B U T R V I O L I N T Q U Z T U R M I

3. T R W T R U M P E T D F R E W K N D G Z

4. L K U E B H G U I T A R R E N H D E W K A

Ordnen Sie die Wörter den richtigen Überbegriffen zu.

> director • jazz • stage • singer • author • novel
> hip hop • poem • editor • actress • band • Broadway

1. literature　　　　**2.** music　　　　**3.** theater

_____　_____　_____

_____　_____　_____

_____　_____　_____

_____　_____　_____

LÖSUNG

3 1C; 2E; 3D; 4B; 5G; 6A • **4** 1. herself; 2. ourselves; 3. myself; 4. yourself; 5. themselves; 6. herself • **5** 1. saxophone; 2. violin; 3. trumpet; 4. guitarre • **6** 1. author, novel, editor, poem; 2. jazz, singer, band, hip hop; 3. director, stage, actress, Broadway

24

Verbinden Sie die Personalpronomen mit den richtigen Reflexivpronomen.

1. I	___ **A**	themselves
2. you (du / Sie höfl.)	___ **B**	ourselves
3. he / she / it	___ **C**	myself
4. we	___ **D**	him- / her- / itself
5. you (ihr)	___ **E**	yourself
6. they	___ **G**	yourselves

4

Wählen Sie das richtige Reflexivpronomen.

1. The actress jumped out of the plane **itself / herself / myself**.

2. We organized the festival **herself / yourself / ourselves**.

3. I painted the picture **itself / myself / himself**.

4. Did you enjoy **yourself / herself / ourselves** at the cinema?

5. The musicians introduced **itself / himself / themselves**.

6. Did she write this poem **yourself / herself / yourselves**?

Welches Wort passt am besten in die Lücke? Kreuzen Sie an.

1. I couldn't get _____ for the concert tomorrow night.
- ▪ **A** music
- ▪ **B** tickets
- ▪ **C** actors

2. The _____ didn't like the new play.
- ▪ **A** audience
- ▪ **B** event
- ▪ **C** orchestra

3. I'd like to watch the latest film with George Clooney.

Let's go to the _____.
- ▪ **A** opera
- ▪ **B** concert
- ▪ **C** cinema

4. There's a very interesting _____ at the Museum of Modern Art.
- ▪ **A** concert
- ▪ **B** exhibition
- ▪ **C** channel

 1

Können Sie den Künstlern auf der rechten Seite die entsprechende Kunstform links zuordnen?

1. film

2. architecture

3. ballet

4. opera

5. painting

6. rock music

7. literature

___ **A** Bon Jovi

___ **B** Steven Spielberg

___ **C** Andrea Boccelli

___ **D** Andy Warhol

___ **E** Rudolf Nurejew

___ **F** John Irving

___ **G** Walter Gropius

9

Susan hat Paul einen Zettel hinterlassen, mit der Bitte, einiges im Haushalt zu erledigen. Wählen Sie für jede Lücke das passende Wort aus.

> dirty • round • vacuum • dust • great • shopping • make • forget

Dear Paul,
I have to go into town to do some _____1.
Helen and Peter are coming _____2 this
evening, so we need to tidy up the living room. Can
you _____3 the bookshelf and the coffee
table for me? And please don't _____4
to _____5 under the table – it's a bit
_____6! Oh, and would you _____7
some cookies, if you have time? That would be
_____8!

Thanks, and see you later!
Love, Susan

10

Welches Wort passt nicht in die Reihe?

1. ☐ A roof ☐ B wall ☐ C hedge ☐ D door
2. ☐ A dust ☐ B build ☐ C clean ☐ D vacuum
3. ☐ A kitchen ☐ B study ☐ C garden ☐ D bathroom

LÖSUNG
7 1E; 2C; 3A; 4D; 5B • **8** 1. vacuum cleaner, 2. washing machine, 3. micro-
wave, 4. refrigerator • **9** 1. shopping, 2. round, 3. dust, 4. forget, 5. vacuum,
6. dirty, 7. make, 8. great • **10** 1C; 2B; 3C

7

Ordnen Sie die deutschen Übersetzungen den entsprechenden englischen Sätzen zu.

1. Do you have any second-hand furniture?
2. Our whole house has gas central heating.
3. We spend a lot of time on the patio.
4. We grow fruit on our allotment.
5. Her dishwasher uses too much electricity.

____ **A** *Wir verbringen viel Zeit auf der Terrasse.*

____ **B** *Ihre Spülmaschine verbraucht zu viel Strom.*

____ **C** *Unser ganzes Haus hat eine Gaszentralheizung.*

____ **D** *In unserem Schrebergarten bauen wir Obst an.*

____ **E** *Haben Sie irgendwelche Möbel aus zweiter Hand?*

 8

Ordnen Sie die Buchstaben der folgenden Haushaltsgeräte.

1. U V M A C U   N R C L E A E _____

(Staubsauger)

2. W G I A S H N   M C H A E I N _____

(Waschmaschine)

3. M V O E I C R W A _____

(Mikrowelle)

4. T R E R F G R I E A O R _____

(Kühlschrank)

6

Suchen Sie die abgebildeten Möbelstücke im Buchstabengitter.

R	T	A	B	L	E	I	L	M
T	U	I	C	H	A	I	R	G
B	C	O	L	S	P	T	T	H
W	A	R	D	R	O	B	E	J
Z	R	Q	N	E	J	F	G	W
A	P	Y	B	Y	S	T	A	E
S	E	E	E	K	F	K	D	T
B	T	N	D	A	D	S	R	X
B	O	O	K	S	H	E	L	F

4 2. there isn't. 3. they do. 4. I / we will. 5. you can. 6. they aren't. •
5 1. How many rooms did your old flat have? 2. There are too many chairs
in the dining room. 3. We don't have enough pictures on the wall. • **6** bookshelf, sofa, chair, wardrobe, carpet, table, bed

4

Ergänzen Sie die Antworten auf die folgenden Fragen, entsprechend dem Beispiel.

1. Does the house have a garden?   Yes, _it does_____.

2. Is there a fireplace?   No, _____.

3. Do the neighbours have children?   Yes, _____.

4. Will you fix the roof?   Yes, _____.

5. Can I bring my cat?   Yes, _____.

6. Are smokers welcome?   No, _____.

5

Ordnen Sie die durcheinander geratenen Sätze

1. rooms | have | your | old | How | many | flat | did ?

_____

2. too | chairs | many | dining | the | in | are | room | There .

_____

3. We | enough | pictures | have | wall | the | on | don't .

_____

3

Lesen Sie das Zeitungsinserat und kreuzen Sie an, ob die folgenden Sätze richtig oder falsch sind.

To Let: A lovely unfurnished 4-bedroom detached house near Glastonbury. Ideal for a family, the house has 2 living rooms, dining room, kitchen, bathroom and separate toilet. There is a fireplace in one room, but the whole house has central heating. The house is in a quiet area with parking in front, near shops and schools.

Rent: £850 per month, including bills.

Deposit: 2 months rent. We would prefer to let the house to non-smokers. No pets, please!

	true	false
1. Das Haus ist für eine Familie geeignet.	▪	▪
2. Eines der Schlafzimmer hat einen Kamin.	▪	▪
3. Das Haus befindet sich an einer viel befahrenen Straße.	▪	▪
4. Nur die Kaltmiete ist angegeben.	▪	▪
5. Nichtraucher werden bevorzugt.	▪	▪
6. Haustiere sind erlaubt.	▪	▪

...... **1**

Wie heißen diese Räume auf Englisch? Kreuzen Sie das richtige Wort an.

1

- **A** washroom
- **B** bathroom
- **C** living room

2

- **A** dining room
- **B** bedroom
- **C** balcony

3

- **A** study
- **B** hall
- **C** garage

4

- **A** attic
- **B** living room
- **C** kitchen

...... **2**

Verbinden Sie den richtigen Haus- oder Wohnungstyp mit der deutschen Übersetzung.

1. high rise

2. detached house

3. terraced house

4. flat

____ **A** *Reihenhaus*

____ **B** *Wohnung*

____ **C** *Einfamilienhaus*

____ **D** *Hochhaus*

Wie heißt das auf Englisch? Lösen Sie das Kreuzworträtsel mit den gesuchten Begriffen.

1. Spritze   **2.** Krankheit   **3.** bluten
4. Tablette   **5.** Husten   **6.** Schmerz
7. Fieber

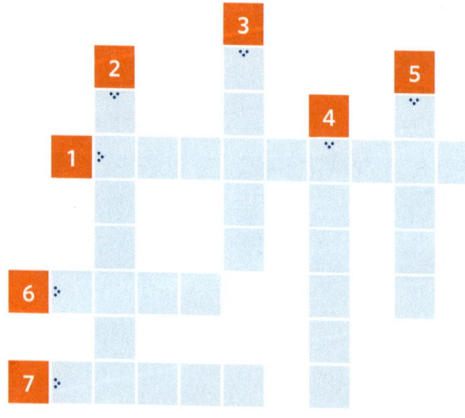

8 1. true, 2. true, 3. false, 4. false, 5. false, 6. true • **9** 1. injection, 2. disease, 3. bleed, 4. tablet, 5. cough, 6. pain, 7. fever

Lesen Sie, wie Mark mit seinem Arzt spricht und entscheiden Sie dann ob die Aussagen unten richtig oder falsch sind.

Dr. Brown: Hello, Mr Jones – how can I help you?

Mark: Well, I've had a very heavy cold since last week, and now I've got a headache and a sore throat.

Dr. Brown: Hmm... Do you have a fever?

Mark: No, my temperature seems to be normal.

Dr. Brown: Have you taken any medicines?

Mark: I've taken some painkillers, but they haven't helped.

Dr. Brown: I think you probably have a throat infection, then. I'll give you a prescription for some antibiotics.

Mark: OK, how often must I take them?

Dr. Brown: Two tablets three times a day, after meals.

	true	false
1. Mark has had a cold for about a week.	☐	☐
2. Now his throat hurts.	☐	☐
3. He has a fever.	☐	☐
4. Painkillers have helped him.	☐	☐
5. The doctor thinks he has an ear infection.	☐	☐
6. Mark must take six tablets every day.	☐	☐

6

Schreiben Sie die Verben im **present perfect** in die Lücken.

1. I _____ a doctor for two years. (see, *Negativform*)

2. The kids _____ ill all day. (be)

3. He _____ painkillers for his toothache. (take)

4. _____ anything today? (drink, *Frageform mit* you)

5. I _____ an appointment to see my dentist yet.
(make, *Negativform*)

7

Simple past oder **present perfect**? Wählen Sie die richtige Zeitform.

1. He **broke / has broken** his leg yesterday.

2. I **took / have taken** these pills for three months.

3. Last summer they **had / have had** a bad accident.

4. She **was / has been** tired all day.

LÖSUNG

4 1. gone, 2. been, 3. written, 4. spoken, 5. given • **5** 1D; 2F; 3E; 4C; 5A; 6B
• **6** 1. haven't seen, 2. have been, 3. 's/ has taken, 4. Have you drunk,
5. haven't made • **7** 1. broke, 2. have taken, 3. had, 4. has been

4

Suchen Sie das **past participle** der vorgegebenen Verben in der Buchstabenschlange.

1. go   A G Z R J G O N E T R W S F T Z

2. be   S B N C R T G E B E E N F Y M I

3. write   R E W R I T T E N H V G F U Q X

4. speak   F S D Z W E O D G S P O K E N I

5. give   D R O W N T D G I V E N R L K J

5

Ordnen Sie die passenden Fragen und Antworten einander zu.

1. Who broke his arm?   ___ **A** He crashed into another car.

2. When will you visit him?   ___ **B** Because he was driving too fast.

3. How was Peter taken to hospital?   ___ **C** He was on his way to a party.

4. Where was he going?   ___ **D** My brother Peter.

5. What happened?   ___ **E** In an ambulance.

6. Why did he have an accident?   ___ **F** This afternoon at about 4 p.m.

3

Auf die Frage **How are you?** gibt es viele mögliche Antworten.
Kreuzen Sie die passende Übersetzung an.

1. Fine, thank you.
- **A** Fantastisch, danke.
- **B** Nein, danke.
- **C** Gut, danke.

2. I've got a headache.
- **A** Ich habe Halsschmerzen.
- **B** Ich habe Kopfschmerzen.
- **C** Ich habe Zahnschmerzen.

3. I'm a bit tired.
- **A** Ich bin furchtbar müde.
- **B** Ich bin ein bisschen müde.
- **C** Ich bin ein bisschen traurig.

4. I'm feeling better.
- **A** Ich fühle mich besser.
- **B** Es ging mir schon besser.
- **C** Ich fühle mich betreit.

5. My elbow hurts.
- **A** Mein Knie tut weh.
- **B** Mein Ellbogen ist steif.
- **C** Mein Ellbogen tut weh.

Der Körper

LÖSUNG

1 1. neck, 2. knee, 3. mouth, 4. belly, 5. head, 6. feet • **2** 1A, 2B, 3D, 4C, 5C • **3** 1C, 2B, 3B, 4A, 5C

21

1 Welche Körperteile sind hier abgebildet? Schreiben Sie jeweils das entsprechende Wort unter das Bild.

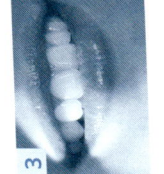

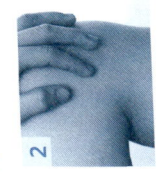

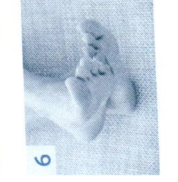

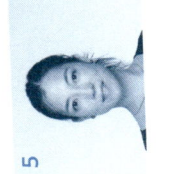

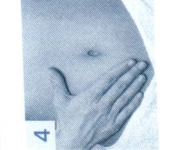

head • mouth • neck • belly • feet • knee

2 Welches Wort passt nicht zu den übrigen?

1. ▢ A green ▢ B tired ▢ C fit ▢ D healthy
2. ▢ A foot ▢ B ear ▢ C knee ▢ D toe
3. ▢ A see ▢ B hear ▢ C taste ▢ D work
4. ▢ A teeth ▢ B lips ▢ C back ▢ D tongue

6

Wie lautet die korrekte Übersetzung? Kreuzen Sie an.

1. *Was hat dir an der Sendung am besten gefallen?*

- ■ **A** What do you like most about the program?
- ■ **B** What did you like most about the program?

2. *Sie hat eine Zeitung gekauft.*

- ■ **A** She bought a newspaper.
- ■ **B** She'll buy a newspaper.

3. *Der Film hat ihm nicht gefallen.*

- ■ **A** He doesn't like the film.
- ■ **B** He didn't like the film.

4. *Sie haben die ganze Nacht fern gesehen.*

- ■ **A** They are watching TV all night.
- ■ **B** They watched TV all night.

7

Verbinden Sie die passenden Satzhälften.

1. I watch both comedies _____ **A** nor readers' letters.

2. I read neither editorials _____ **B** channel 1 or channel 3.

3. I only look at the headlines _____ **C** and cookery programmes.

4. The film is on either _____ **D** in the business section.

····· **4**

Wie oft erscheint ihre Zeitung? Verbinden Sie die Begriffe mit ihrer Übersetzung.

1. hourly

2. daily

3. weekly

4. yearly

5. monthly

___ **A** *jährlich*

___ **B** *wöchentlich*

___ **C** *monatlich*

___ **D** *stündlich*

___ **E** *täglich*

····· **5**

Schreiben Sie die fehlenden Wörter in die Lücken.

1. I _____ a magazine and a newsletter.

2. I sometimes _____ a radio station in the evening.

3. I _____ the TV channels.

4. Could you _____ the volume?

5. I usually _____ soaps, political documentaries and films.

> zap through • tune into • watch
> subscribe to • turn down

2

Vervollständigen Sie die Tabelle mit den richtigen **simple past**-Formen von **to be**.

1. I ＿＿＿＿＿＿＿＿

2. you ＿＿＿＿＿＿＿＿

3. he / she / it ＿＿＿＿＿＿＿

4. we ＿＿＿＿＿＿＿＿

5. you ＿＿＿＿＿＿＿＿

6. they ＿＿＿＿＿＿＿＿

3

Können Sie die **simpel past**-Formen dieser unregelmäßigen Verben im Buchstabengitter finden?

> speak • go • have • leave • know • eat
> find • give • see • do

F	G	D	T	Z	U	Q
O	A	S	K	N	E	W
U	V	S	P	O	K	E
N	E	S	Y	B	H	N
D	H	A	D	I	D	T
M	O	W	T	F	P	O
L	R	X	L	E	F	T

LÖSUNG

2 1. was, 2. were, 3. was, 4. were, 5. were, 6. were • **3** spoke, went, had, left, knew, ate, found, gave, saw, did

1 1. on, 2. both, 3. tuned into, 4. how, 5. quiz, 6. watches • **2** 1. was,

● 1

Unterstreichen Sie in diesen Sätzen jeweils das passende Wort.

1. There was a well-written editorial **in / on** page 10 of today's newspaper.

2. I enjoy **both / either** current affairs programmes and documentaries.

3. John **tuned into / subscribed to** the local radio station last week.

4. Do you know **how / what** this TV works? I can't turn the volume down.

5. Laura loves all the daily **films / quiz** shows.

6. Ben usually **watches / looks at** TV in the evening.

6

Können Sie erraten, welche Abschlussformeln eines Briefes in diesem Buchstabensalat stecken?

1. Y U S O R   C R L S I N E E Y _____

2. S R Y O U   F L L A I T Y H F U _____

3. L V E O _____

4. T E B S   H W I S S E _____

7

Ergänzen Sie die fehlenden Wörter.

It's easy to set up a free new e-mail _____ **1** with us. First, _____ **2** on the **New Account** icon. This will open a _____ **3** in which you can _____ **4** your personal details, and you can choose the e-mail _____ **5** that you'd like. Then press **Enter**. A message will appear on your screen with your _____ **6** and your password. Click on **My Account** and log in with these details. For _____ **7** reasons, you should change your password immediately. Then you can start sending and _____ **8** e-mails.

> login • window • receiving • account • click
> enter • address • security

···· ❹

Verbinden Sie diese Sätze mit ihrer Übersetzung.

1. I'm deleting the message.   ___ **A** *Kennst du eine gute*
                                              Suchmaschine?

2. She surfs a lot on the   ___ **B** *Ich bekomme viele*
weekend.   *Werbemails.*

3. Do you know a good   ___ **C** *Ich lösche die Nachricht.*
search engine?

4. My computer crashed.   ___ **D** *Es gibt ein neues Virus,*
                                    also sei vorsichtig!

5. There's a new virus, so be   ___ **E** *Sie surft viel am*
careful!   *Wochenende.*

6. I get a lot of spam.   ___ **F** *Mein Computer ist*
                                    abgestürzt.

···· ❺

Schreiben Sie die Verben im **will futur** in die Lücken.

1. You _____ to buy some stamps. (have)

2. I think, I _____ him a birthday card. (not send)

3. I _____ to the post office. (go)

4. She _____ him another love letter. (not write)

5. I ____ _____ you on Monday. (see)

2

Bringen Sie diese Adresse in die richtige Reihenfolge

A Branburry

B 45 Highway Avenue

C Mr J. P. Queensway

D Kent AP7 5RT

Richtige Reihenfolge: _____

 3

Die folgenden Befehle kennen Sie sicher von Ihrem Computer.
Kreuzen Sie die richtige Übersetzung an.

1. *löschen*
- **A** stop
- **B** clear
- **C** delete

2. *öffnen*
- **A** open
- **B** undo
- **C** close

3. *drucken*
- **A** write
- **B** spell
- **C** print

4. *ausschneiden*
- **A** chop
- **B** cut
- **C** delete

5. *rückgängig machen*
- **A** go behind
- **B** undo
- **C** go back

6. *Rechtschreibung prüfen*
- **A** test writing
- **B** check spelling
- **C** print

1

Wie heißen diese Gegenstände auf Englisch? Lösen Sie das Kreuzworträtsel mit den gesuchten Wörtern.

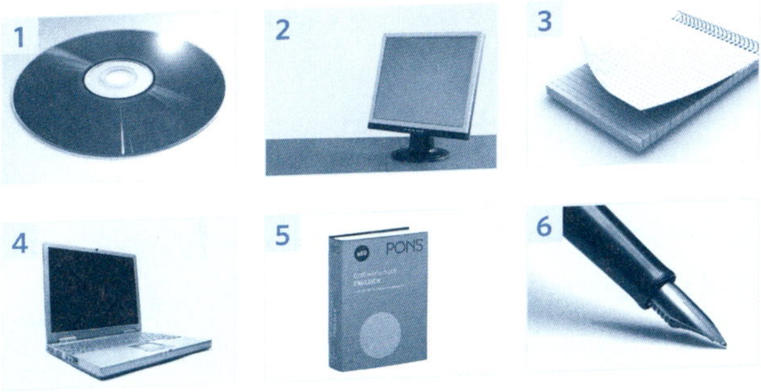

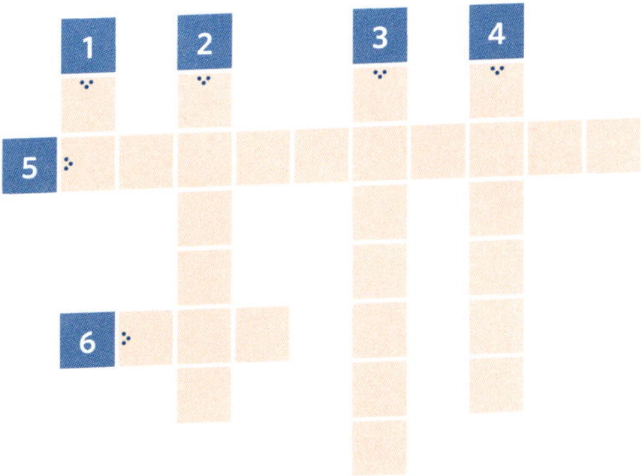

1

2

3

4

5

6

Können Sie dieses Telefonat in die richtige Reihenfolge bringen?

A Yes, certainly. Who's speaking, please?

B I'm afraid, he isn't in.

C No, he's out for lunch. He'll be back in an hour.

D Luxiphone, Arthur Black speaking. Good afternoon.

E Can you ask him to call me back, please? It's urgent.

F It's his cousin, Paul.

G Good afternoon. Can I speak to Karl Goulding, please?

H Oh. Has he got the day off?

Richtige Reihenfolge: _____

Hier haben sich Wörter versteckt, die mit dem Telefonieren zu tun haben. Können Sie sie finden?

1. M F T M O B I L E P H O N E H

2. D E Z E N G A G E D Z U T R I

3. P I T R E H O T L I N E J M L O

4. G W R E C E I V E R Y E P L L

LÖSUNG

3 1C; 2D; 3A; 4B • **4** 1. Would, 2. could, 3. Could, 4. would • **5** DGBH-CEAF, DGAFBHCE • **6** 1. mobile phone, 2. engaged, 3. hotline, 4. receiver

3

Diese Sätze hören Sie, wenn Sie mit einem Anrufbeantworter verbunden sind. Ordnen Sie die Übersetzungen zu.

1. Hello, you have called Panorama Ltd.

2. Unfortunately, our office is closed at the moment.

3. Please leave your name and phone number and we'll call you back as soon as possible.

4. Please speak after the tone.

___ **A** *Bitte hinterlassen Sie Ihren Namen und Ihre Telefonnummer, wir rufen Sie baldmöglichst zurück.*

___ **B** *Bitte sprechen Sie nach dem Signalton.*

___ **C** *Hallo, Sie sind verbunden mit Panorama Ltd.*

___ **D** *Leider ist unser Büro zurzeit nicht besetzt.*

4

Would oder **could**? Ergänzen Sie die Sätze mit dem fehlenden Wort.

1. _____ you like a glass of water?

2. I _____ ask my boss if I can get the day off.

3. _____ I use your phone, please?

4. A picnic at the beach? That _____ be great!

2

Was sagen Sie wenn …

1. … Sie mit Herrn Miller sprechen möchten?
- **A** Who is Mr Miller?
- **B** Where is Mr Miller.
- **C** I'd like to speak to Mr Miller, please.

2. … Sie wissen möchten, wer am Apparat ist?
- **A** Can I call back?
- **B** Who's speaking, please?
- **C** Hold the line, please.

3. … Sie eine Nachricht hinterlassen möchten.
- **A** Can I leave a message?
- **B** She left a message.
- **C** Did someone leave a message?

4. … Sie zurückrufen möchten.
- **A** Don't call again.
- **B** He'll call you back.
- **C** Can I call you back?

5. … der Anrufer warten soll.
- **A** I'll put you through.
- **B** Just a moment, please.
- **C** He's not in.

1

Ergänzen Sie dieses Telefonat mit den fehlenden Wörtern.

Assistant: Richmond & Sons, Susan Devon _____ **1**.
Can I _____ **2** you?

Mr Webster: _____ **3**, my name's Webster. I'd like to
_____ **4** to Mrs Jackson, please.

Assistant: I'm _____ **5** she's not in the office at the
moment.

Mr Webster: Can I leave a _____ **6**?
Assistant: Yes, of course.
Mr Webster: Could you ask her to call me _____ **7**,
please. My name's Don Webster.

Assistant: _____ **8**, Mr Webster. Bye-bye.

> Hello • back • speaking • speak • help
> afraid • message • Certainly

Lesen Sie die Wettervorhersage und kreuzen Sie die richtige Antwort an.

The weather on Friday will be sunny in the morning with a high of 4 degrees Celsius. Clouds will move in the early afternoon. In the afternoon there is a 50% chance of rain. In the evening there will be thunderstorms. Saturday will be cloudy and cold with a possibility of snow.

1. On Friday morning it will be
- ☐ **A** sunny.
- ☐ **B** cloudy.
- ☐ **C** warm.

2. On Friday afternoon it could
- ☐ **A** sleet.
- ☐ **B** snow.
- ☐ **C** rain.

3. Friday evening there will be
- ☐ **A** fog.
- ☐ **B** sun.
- ☐ **C** thunderstorms.

4. On Saturday it could
- ☐ **A** rain.
- ☐ **B** snow.
- ☐ **C** hail.

Können Sie dieses kleine Rätsel lösen?

In Mexico it's hotter than in Florida.

In California it isn't as hot as in Florida.

Where is it the hottest?   _____

IM RESTAURANT

In englischsprachigen Ländern ist es nicht üblich, dass man in einem Restaurant oder Café mit Bedienung die Rechnung getrennt bezahlt. Das sollten Sie vorher oder nachher unter sich ausmachen.

Wenn Sie bezahlen wollen, sagen Sie: **We'd like the bill, please.** oder **We'd like to pay, please.** Die Bezahlung geht eher dezent vor sich, indem ein Teller mit der Rechnung auf den Tisch gelegt wird. Man legt dann das Bargeld (**cash**) oder die Kreditkarte (**credit card**) auf den Teller und schiebt ihn etwas zur Seite, damit die Bedienung ihn holen kann. Sie bringt den Teller zurück, entweder mit Ihrem Rückgeld (**change**) und der Quittung (**receipt**) oder mit dem Beleg für die Kreditkarte, damit Sie ihn unterschreiben (**sign**) können.

Wenn Sie ein Trinkgeld (**tip**) geben, legen Sie es auf den Teller und lassen es liegen, wenn Sie weggehen. Auf Kreditkartenbelegen können Sie es oft zusätzlich angeben. In den USA sollten Sie immer ein hohes Trinkgeld geben – bis zu 15 %, – da die Bedienung in der Regel schlecht bezahlt und Service nicht inklusive ist (**service not included**). In Großbritannien ist der Service zwar meist inklusive, aber ein Trinkgeld wird dennoch immer erwartet. Wundern Sie sich nicht, wenn Sie mit **madam** oder **sir** angeredet werden. Wenn man den Namen nicht kennt, ist das eine selbstverständliche Höflichkeit im Dienstleistungssektor. Als Kunde oder Gast sollten Sie es aber selbst nie benutzen.

IM PUB

Wollen Sie in Großbritannien oder den Vereinigten Staaten mit Freunden ein Pub besuchen, sollten Sie ein paar einfache Regeln beachten. Bestellen Sie nie nur für sich. Es ist üblich, Runden (**rounds**) auszugeben – jeder in der Gruppe kauft der Reihe nach Getränke (**drinks**) für alle in der Gruppe, bis alle einmal an der Reihe waren oder das Pub schließt.
Die meisten Pubs in England schließen schon um 23:00 Uhr. Es gibt allerdings neue Gesetze, die zulassen, dass Kneipen jetzt auch länger geöffnet haben.
In England bestellt man am Tresen (**bar**) und bezahlt direkt beim Bestellen. An den Tischen wird in der Regel nicht bedient. In den USA können Sie entweder am Tresen bestellen oder abwarten, bis die Bedienung an den Tisch kommt und Ihnen die Getränke bringt.

REDEWENDUNGEN

Auch im Englischen findet sich eine Vielzahl von Redewendungen, die man meist nicht wörtlich übersetzen kann. Redewendungen haben die Eigenschaft, dass sie einen Sachverhalt oder die Einstellung gegenüber einer Person oder einer Situation in einem kurzen Satz reflektieren. In einer Fremdsprache sind sie daher oft schwierig zu verstehen und noch schwieriger zu gebrauchen. Aber lassen Sie sich nicht abschrecken! Hier ein paar einfache Beispiele:

In a nutshell this is all you need.
Kurz gesagt, ist das alles was, du brauchst.

That's a piece of cake!
Das ist ganz einfach!

Why don't you call a spade a spade?
Warum nennst du die Dinge nicht beim Namen?

Mind your own business!
Kümmere dich um deine eigenen Angelegenheiten.

Can I have a word with you?
Kann ich kurz mit dir sprechen?

I call it a day.
Ich mache Schluss für heute.

He can't put two and two together.
Er kann die einfachsten Dinge nicht.

My boss is a know-it-all.
Mein Chef ist ein Besserwisser.

BRITISCH ODER AMERIKANISCH?

The receptionist of a British hotel sees an American tourist impatiently pressing the button for the lift.

"Sir, the lift will be here in a moment."

"Lift? Lift? Oh, you mean the elevator."

"No, sir. Here we call it a lift."

"Well, it was invented in the United States, so it's called an elevator."

"Yes sir, but the language was invented here, so it's called a lift."

Auch im Englischen gibt es regionale Unterschiede, die sich auf ganz unterschiedliche Weise äußern. Zwischen dem Englisch, wie es in den USA gesprochen wird, und dem britischen Englisch fällt zunächst die unterschiedliche Aussprache und Betonung auf. Aber es gibt auch Wörter, die zwar gleich gesprochen, aber verschieden geschrieben werden.

programme (BrE)   **program** (AmE)

catalogue (BrE)   **catalog** (AmE)

Und für manche Dinge werden auch ganz andere Wörter gebraucht.

lift (BrE)   **elevator** (AmE)

lorry (BrE)   **truck** (US)

mobile phone (BrE)   **cellphone** (US)

Ein Falsch oder Richtig gibt es hier nicht, und Sie können sicher sein, dass Sie sowohl in Nordamerika mit einem *britischen* als auch in Großbritannien mit einem *amerikanischen* Englisch verstanden werden.

BRIEFE UND E-MAILS

Wie im Deutschen gibt es auch im Englischen einige häufig benutzte Wendungen, die Sie brauchen, um eine E-Mail, eine Postkarte oder einen Brief zu schreiben.

Egal, ob man eine Person gut kennt oder nicht, redet man sie mit **Dear ...** an. Dies entspricht sowohl der deutschen Anrede *Sehr geehrte(r)* als auch *Liebe(r)*.

Kennt man den Adressaten nicht, schreibt man: **Dear Sir or Madam** (*Sehr geehrte Damen und Herren*).

Hi! sollte nur in E-Mails benutzt werden. In Verbindung mit einem Namen (**Hi Kevin!**) ist es eine sehr informelle Anrede.

Am Ende liest man häufig: **Best wishes** oder **Kind regards**. (*Mit freundlichen Grüßen*).

Bei guten Bekannten steht in E-Mails oft **see you** oder kryptisch **CU**.

In formelleren Briefen oder E-Mails schreibt man **Yours sincerely**, wenn man den Namen der angeschriebenen Person kennt, oder **Yours faithfully** (BrE) bzw. **Yours truly** (AmE), wenn man nicht weiß, wen man anspricht.

Wenn Sie eine Antwort erwarten, schreiben Sie am Ende: **I'm looking forward to hearing from you.** (*Ich würde mich freuen, von Ihnen / Dir zu hören.*) oder **I'm looking forward to your reply.** (*Ich freue mich auf Ihre / Deine Antwort.*)

EINKAUFEN

Wenn Sie nicht nur im Internet einkaufen wollen, müssen Sie irgendwo hinfahren. Aber wohin?

shopping mall *Einkaufszentrum*
outlet centre *Gruppe von Läden, die von je einem Hersteller Waren verkauft, oft am Stadtrand mit günstigen Parkmöglichkeiten*
shopping centre *Einkaufszentren außerhalb der Stadt*
high street shops *herkömmliche Läden in der Stadtmitte*
superstore *riesiger Supermarkt (vorwiegend Nahrungsmittel) am Stadtrand*

In den USA und Großbritannien gibt es keine streng geregelten Ladenöffnungszeiten. Viele Läden sind von 9.00 Uhr bis 17.30 Uhr geöffnet, aber Sie können in großen Läden und Einkaufszentren oft auch 12 Stunden oder länger einkaufen. In den USA und inzwischen auch in Großbritannien finden Sie sogar immer wieder Läden, vor allem Lebensmittelgeschäfte, die 24 Stunden geöffnet sind. Auch am Sonntag können Sie einkaufen – manche Läden haben zwar nur ein paar Stunden geöffnet, andere aber auch länger.

FEIERTAGE

In Großbritannien werden Feiertage oft **bank holidays** (*Bankfeiertage*) genannt, da es früher die einzigen Tage waren, an denen die Banken geschlossen hatten. In den USA und Kanada werden sie **public** oder **national holidays** genannt.

Independence Day, der 4. Juli, ist der Nationalfeiertag der USA, an dem man die Unabhängigkeit von Großbritannien feiert. Heute wird er mit Grillpartys (**barbecues**) und Feuerwerk (**fireworks**) begangen.

Kanada feiert mit dem **Canada Day** seine Gründung am 1. Juli. Der Nationalfeiertag in Australien ist am 26. Januar, **Australia Day** und in Neuseeland am 6. Februar, **Waitangi Day**.

In Großbritannien gibt es keinen offiziellen Nationalfeiertag, sondern nur die üblichen kirchlichen und staatlichen Feiertage. Zusätzlich gibt es aber auch noch einen **spring** (*Frühling*) und einen **summer** (*Sommer*) **bank holiday**. Anders als in Deutschland werden Feiertage, die auf ein Wochenende fallen, auf einen Werktag verlegt. Zum Beispiel wird der **May Day** (*Maifeiertag*) immer am ersten Montag nach dem 1. Mai gefeiert.

Hier die Bezeichnungen für die bekanntesten Feiertage:

Good Friday – Karfreitag

Easter – Ostern

May Day – Maifeiertag

Christmas Day – December 25th

Boxing Day – December 26th

New Year's Eve – December 31st

New Year's Day – January 1st

SCHEINE UND MÜNZEN

Die Währung in den Vereinigten Staaten ist der **American Dollar ($US)**, in Kanada ist es der **Canadian Dollar ($CAD)** und in Großbritannien das **Pound Sterling (£)**. Der amerikanische und der kanadische Dollar sind in **cents** unterteilt, während das Pfund Sterling in **pence** unterteilt wird. In englischsprachigen Länder gibt es unterschiedliche Begriffe für einen Geldschein. In Kanada und den USA spricht man von einem **ten dollar bill**. In Großbritannien von einner **ten pound note**. Manche Münzen haben besondere Namen, so heißt eine 5-Cent-Münze in den USA und Kanada zum Beispiel **nickel**, zu einer 10-Cent Münze sagt man **dime** und zu einer 25-cent-Münze **quarter**.

In Kanada gibt es zwei ganz spezielle Namen für Münzen. Die 1-Dollar-Münze heißt **loonie**, weil auf ihr ein **loon** – ein kanadischer Vogel – abgebildet ist. Die 2-Dollar-Münze, die erst später eingeführt wurde, wird **toonie** genannt, was vom englischen Wort **two** herrührt.

In England benutzt man oft den Buchstaben p (gesprochen *pi*) nach einer Geldsumme. Das steht für **penny** (Singular) oder **pence** (Plural).

FRÜHSTÜCK

Was essen Sie zum Frühstück? **Bacon and eggs** (*Eier mit Speck*)? **Porridge** (*Haferbrei*)? Oder **pancakes with maple syrup** (*Pfannkuchen mit Ahornsirup*)?
Nicht? Dann sind Sie weder aus England noch aus Schottland und auch nicht aus Kanada. Dennoch sollten Sie das Frühstück in diesen Ländern probieren, wenn Sie einmal hinkommen. Sicher haben Sie schon von den typisch englischen **Bed and Breakfasts** (B&B) gehört. Es handelt sich dabei um Privathäuser, in denen man zwar übernachten und frühstücken, sich aber nicht tagsüber aufhalten kann. Sie bekommen dort ein großes **cooked breakfast**, (*warmes Frühstück*) das so reichhaltig ist, dass Sie meist das Mittagessen ausfallen lassen können. In manchen **motels** (*Hotel für Autofahrer*) in den USA bekommt man dagegen nur einen **donut** (*Krapfen*) und eine Tasse Kaffee in **self-sevice** (*Selbstbedienung*).

a	*ein(e)*
a bit / little	*ein bisschen*
a few	*ein paar*
a lot of	*viel(e)*
about	*über*
after	*nach*
ago	*vor*
an	*ein(e)*
and	*und*
any	*irgendwelche(r), -eine; etwas*
arrive	*ankommen*
as	*als, da, weil*
ask	*fragen*
at	*am / an, um*
bad	*schlecht, schlimm*
be	*sein*
because	*weil*
before	*vor*
behind	*hinter*
between	*zwischen*
break	*brechen*
bring	*(mit)bringen*
but	*aber*
buy	*kaufen*
call	*anrufen, rufen*
can	*können*
change	*umsteigen, wechseln, ändern*
choose	*(aus)wählen*
clean	*putzen, sauber machen*
cold	*kalt*
come	*kommen*
cook	*kochen*
cost	*kosten*
could	*könnte*

cross	*über*
day	*Tag*
do	*tun, machen*
down	*runter*
drink	*trinken*
drive	*fahren*
eat	*essen*
either ... or	*entweder ... oder*
enjoy	*genießen*
enough	*genug, genügend*
even though	*obwohl*
every	*jede / r / s*
Excuse me, ...	*Entschuldigen Sie ...*
feel	*(sich) fühlen*
find	*finden*
for	*für, seit*
forget	*vergessen*
forty	*vierzig*
Friday	*Freitag*
from	*von, aus*
get	*bekommen, gelangen, holen*
give	*geben*
go	*gehen*
good	*gut*
Goodbye	*Auf Wiedersehen*
have	*haben*
have to	*müssen*
he	*er*
Hello	*Hallo*
help	*helfen*
her	*ihr(e), sie*
herself	*sich*
him	*ihm, ihn*
himself	*sich*
his	*sein(e)*
hope	*hoffen*
hot	*heiß*
hour	*Stunde*

Wortverzeichnis

how	wie	must	müssen
How long ...?	Wie lange ...?	my	mein(e)
How many ...?	Wie viele ...?	myself	mich / mir
How much ...?	Wie viel ...?	near	in der Nähe von
I	ich	need	brauchen, müssen
I'd like ...	Ich möchte / hätte gerne ...	neither ... nor	weder ...noch
if	falls, wenn	never	nie
in	in	new	neu
in case	falls	next to	neben
in front of	vor	nice	nett, hübsch, schön
inside	in	night	Nacht, Abend
into	hinein	no	nein, kein / e / es / er / en
it	es, ihm, ihr, ihn, sie	not	nicht
its	sein(e)	not ... any	kein / e / r
itself	sich	now	jetzt
keep	(be)halten	offer	anbieten
know	wissen, kennen	old	alt
leave	abfahren, verlassen, lassen	on	auf, an / am
		on top of	auf
left	links	only	nur
like	mögen	opposite	gegenüber
listen	(zu)hören	or	oder
live	leben	our	unser(e)
look	schauen, aussehen	ourselves	uns
look for	suchen	outside	vor
love	lieben	over	über
make	machen	past	vorbei an
many	viele	pay	bezahlen
may	dürfen	play	spielen
me	mich, mir	please	bitte
meet	(sich) treffen, kennen lernen	prefer	bevorzugen
		put	legen, stellen, geben
miss	verpassen, vermissen	read	lesen
Monday	Montag	ride	reiten, fahren
more	mehr	right	rechts
much	viel	Saturday	Samstag

say	sagen
second	zweiter
see	sehen
seem	scheinen
sell	verkaufen
send	schicken
shall	sollen
she	sie
should	sollen
since	seit
so	deshalb, also
some	etwas
speak	sprechen
spend	verbringen, aus-geben
start	anfangen
stay	wohnen, bleiben
straight	geradeaus
Sunday	Sonntag
take	nehmen, dauern
talk	sprechen, sich unterhalten
tell	sagen, erzählen
ten	zehn
than	als
thank you, thanks	danke
that	das, dass, dieses
the	der, die, das
their	ihr(e)
them	ihnen, sie
themselves	sich
these	diese
they	sie, Sie
think	denken
this	das, dieses
those	diese
Thursday	Donnerstag

till, until	bis
time	Zeit
to	zu, mit, bis, nach
today	heute
tomorrow	morgen
too	auch, zu
towards	in Richtung
try	versuchen
Tuesday	Dienstag
turn	(sich) drehen, abbiegen
under	unter
up	hoch
us	uns
use	benutzen
very	sehr
visit	besuchen
walk	gehen, spazieren
want	wollen
watch	(an)schauen
we	wir
Wednesday	Mittwoch
week	Woche
well	nun, gut
what	was
when	wann, während
where	wo, woher
which	welche, welches, welcher
who	wer
whose	wessen
why	warum
will	werden
with	mit
won't	nicht werden
work	arbeiten, funktio-nieren
would	würde

2

Wortverzeichnis

write	schreiben
year	Jahr
yes	ja
yesterday	gestern
yet	noch nicht
you	du, ihr, Sie, dich, dir, Ihnen, euch
your	dein(e), Ihr(e), euer, eure
yourself	dich / dir
yourselves	euch

2

ABC KONTAKTAUFNAHME

colleague	Kollegen
fine	gut
German	Deutsche / r, deutsch
good luck	viel Glück
good morning	guten Morgen
good night	gute Nacht
here	hier
How are you?	Wie geht es dir / Ihnen?
How do you do?	Wie geht es Ihnen?
I'm fine.	Mir geht es gut.
late	spät
name	Name
trip	Reise
wife	(Ehe)frau

ABC PERSONALIEN

be called	heißen
birthday	Geburtstag
born	geboren
boy	Junge

children	Kinder
company	Firma
country	Land
date of birth	Geburtsdatum
divorced	geschieden
Dutch	holländisch, niederländisch
family	Familie
first name	Vorname
France	Frankreich
French	französisch
grandchildren	Enkel
Great Britain	Großbritannien
Greece	Griechenland
Greek	griechisch
little	klein
marital status	Familienstand
married	verheiratet
people	Leute, Menschen
phone number	Telefonnummer
single	ledig
Spain	Spanien
surname	Nachname
Sweden	Schweden
Switzerland	Schweiz
Turkish	türkisch
widowed	verwitwet

ABC MENSCHEN

about sixty	um die sechzig
angry	wütend
bald	kahl
be in love	verliebt sein
beard	Bart
bored	gelangweilt
boy	Junge
brave	tapfer, mutig

brother	*Bruder*	quiet	*ruhig*
built	*kräftig*	sad	*traurig*
businessman	*Geschäftsmann*	shy	*schüchtern*
careful	*vorsichtig*	single	*ledig*
child	*Kind*	sister	*Schwester*
clever	*klug*	slim	*schlank*
crazy	*verrückt*	sportsman	*Sportler*
curly	*lockig*	strange	*seltsam*
dark-haired	*dunkelhaarig*	stupid	*dumm*
dark-skinned	*dunkelhäutig*	sunglasses	*Sonnenbrille*
diplomatic	*diplomatisch*	sweet	*süß, niedlich*
exhausted	*erschöpft*	tall	*groß*
eyes	*Augen*	thin	*dünn*
fantastic	*großartig*	unhappy	*unglücklich*
fat	*dick*	wavy	*wellig*
feet	*Füße*	woman	*Frau*
foot	*Fuß*	young	*jung*
friend	*Freund / in*		
friendly	*freundlich*		
funny	*lustig, komisch*		

ᴬᴮᶜ **BERUFE**

genius	*Genie*	abroad	*im Ausland*
girl	*Mädchen*	actor	*Schauspieler*
glasses	*Brille*	artist	*Künstler(in)*
good-looking	*gutaussehend*	assist	*assistieren*
hair	*Haare*	assistant	*Assistent(in)*
handsome	*gutaussehend*	baker	*Bäcker(in)*
happy	*glücklich*	banker	*Bankkaufmann,*
lazy	*faul*		*-frau*
long	*lang*	butcher	*Metzger(in)*
man	*Mann*	car mechanic	*Automechani-*
married	*verheiratet*		*ker(in)*
mother	*Mutter*	cook	*Koch, Köchin*
moustache	*Schnurrbart*	dentist	*Zahnarzt, -ärztin*
muscular	*muskulös*	design	*entwerfen*
parents	*Eltern*	doctor	*Arzt, Ärztin*
polite	*höflich*	engineer	*Ingenieur(in)*
pretty	*hübsch*	fireman	*Feuerwehrmann*
professional	*professionell*	foreigner	*Ausländer(in)*

Wortverzeichnis

gardener	*Gärtner(in)*
half-day	*halbtags*
housewife	*Hausfrau*
interesting	*interessant*
musician	*Musiker(in)*
painter	*Maler(in)*
sales manager	*Verkaufsleiter(in)*
salesperson	*Verkäufer(in)*
secretary	*Sekretär(in)*
teach	*unterrichten*
teacher	*Lehrer(in)*
translate	*übersetzen*
translator	*Übersetzer(in)*
unemployed	*arbeitslos*
vet	*Tierarzt, -ärztin*
writer	*Schriftsteller(in)*

ᴬᴮᶜ FAMILIE UND FREUNDE

aunt	*Tante*
be attracted to someone	*sich zu jemandem hingezogen fühlen*
boyfriend	*Freund*
brother	*Bruder*
brother-in-law	*Schwager*
cheers	*Prost*
cousin	*Cousin, Cousine*
date of birth	*Geburtsdatum*
date someone	*mit jemandem ausgehen*
daughter	*Tochter*
daughter-in-law	*Schiegertochter*
during the week	*unter der Woche*
engaged	*verlobt*

fall in love with someone	*sich in jemanden verlieben*
father	*Vater*
fiancée	*Verlobte*
friend	*Freund(in)*
gentleman	*Herr*
get on	*klar kommen*
girlfriend	*Freundin*
granddaughter	*Enkelin*
grandfather	*Großvater*
grandmother	*Großmutter*
grandson	*Enkel*
great-grand-daughter	*Urenkelin*
great-grandfa-ther	*Urgroßvater*
great-grand-mother	*Urgroßmutter*
great-grand-son	*Urenkel*
hate	*hassen*
How about ...?	*Was ist mit ...?*
husband	*(Ehe)mann*
later on	*später*
married	*verheiratet*
mother	*Mutter*
nephew	*Neffe*
niece	*Nichte*
of course	*natürlich*
parents	*Eltern*
relative	*Verwandte(r)*
sister	*Schwester*
sister-in-law	*Schwägerin*
son	*Sohn*
uncle	*Onkel*
weekend rela-tionship	*Wochenendbezie-hung*

ABC DATUM UND UHRZEIT

a quarter past	Viertel nach
a quarter to	Viertel vor
December	Dezember
February	Februar
great	groß
half past four	halb fünf
January	Januar
July	Juli
June	Juni
March	März
May	Mai
New Year's Eve	Silvester
October	Oktober
one o'clock	ein Uhr

ABC FREIZEIT

beach	Strand
boat	Boot, Schiff
book	Buch
boyfriend	Freund
card	Karte
cinema	Kino
colleague	Kollege, Kollegin
dance	tanzen
dog	Hund
friend	Freund(in)
go for a walk	spazieren gehen
go out with somebody	mit jemandem ausgehen
have made plans	etwas vorhaben
kind	nett, freundlich
let's	lass / lasst uns
letter	Brief
newspaper	Zeitung

plan	Plan
running	Laufen, Joggen
skiing	Skifahren
sunshine	Sonnenschein
surf the internet	im Internet surfen
swimming	Schwimmen
television	Fernseher
together	zusammen
tonight	heute Abend / Nacht
town	Stadt
watch TV	fernsehen

ABC UNTERWEGS

6 a.m.	6 Uhr morgens
a.m.	ante meridian
6 p.m.	6 Uhr abends
p.m.	post meridian
airline	Fluglinie
airport	Flughafen
around the corner	um die Ecke
bicycle	Fahrrad
bus stop	Bushaltestelle
cancel	stornieren
car	Auto
carry	tragen
change trains	umsteigen
cheap	billig
clerk	Schalterbeamter
delayed	verspätet
depart	abfahren
departure time	Abfahrtszeit
destination	Ziel(ort)
direct	direkt
far	weit

Wortverzeichnis

fast	schnell
ferry	Fähre
first-class	erster Klasse
flight	Flug
handbag	Handtasche
harbour	Hafen
home	nach Hause
How much is / are ...?	Wie viel kostet / kosten ...?
Just a moment.	Einen Augenblick.
land	landen
luggage	Gepäck
meeting	Besprechung
money	Geld
motorbike	Motorrad
next	nächste / r / s
on time	pünktlich
one-way	einfach
pack	packen
passenger	Fahrgast
passport	Pass
plane	Flugzeug
platform	Gleis
ship	Schiff
station	Bahnhof
suitcase	Koffer
take off	starten
ticket	Fahrkarte
timetable	Fahrplan
train	Zug
travelling	Reisen
truck	Lastwagen
Tube	Londoner U-Bahn
worry	sich Sorgen machen

ABC IN DER STADT

airport	Flughafen
beautiful	schön
big	groß
bridge	Brücke
bus stop	Bushaltestelle
capital	Hauptstadt
castle	Schloss
church	Kirche
ever	jemals
famous	berühmt
gift	Geschenk
have a bite to eat	einen Happen essen
lovely	hübsch, reizend
modern art	moderne Kunst
nightlife	Nachtleben
outskirts	Außenbezirke
park	Park; parken
post office	Postamt
river	Fluss
shop	Geschäft, Laden
sight	Sehenswürdigkeit
souvenir shop	Souvenirgeschäft
statue	Statue
take in	anschauen
take photo- graphs	Fotos machen
town centre	Stadtzentrum
underground railway	U-Bahn
village	Dorf

ABC AUF DER REISE

aisle seat	Platz zum Gang
back seat	Rücksitz

building	Gebäude
camp	zelten
check-in counter	Abfertigungsschalter
cruise	Kreuzfahrt
day trip	Tagesausflug
east	Osten
escalator	Rolltreppe
Good luck.	Viel Glück.
help	Hilfe
information desk	Informationsschalter
local	Einheimische(r)
north	Norden
old part of town	Altstadt
on the right	rechts, auf der rechten Seite
package tour	Pauschalreise
platform	Gleis
pretty	hier: ziemlich
security check	Sicherheitscheck
south	Süden
stairs	Treppe
station	Bahnhof
street	Straße
take off	ausziehen
taxi rank	Taxistand
tourist information	Touristeninformation
town hall	Rathaus
traffic lights	Ampel
travel agent	Reisebüro
turn left	nach links gehen
watch	Uhr
way	Weg
west	Westen
window seat	Fensterplatz
youth hostel	Jugendherberge

ABC IM HOTEL

allowed	erlaubt, gestattet
backpack	Rucksack
bellboy	Page
breakfast	Frühstück
chambermaid	Zimmermädhen
colour television	Farbfernseher
container	Kontainer
double bed	Doppelbett
driving licence	Führerschein
escalator	Rolltreppe
fully booked	ausgebucht
holiday	Urlaub
journey	Reise
key	Schlüssel
lift	Aufzug
lobby	Foyer
luggage	Gepäck
lunch	Mittagessen
non-smoking	Nichtraucher
passport	Pass
pet	Haustier
price	Preis
receptionist	Empfangschef, -dame
room service	Zimmerservice
shower	Dusche
single bed	Einzelbett
stairs	Treppe
sunny	sonnig
tennis court	Tennisplatz
terrace	Terrasse
That's a pity.	Das ist schade.
tool	Wekzeug
towel	Handtuch
waitress	Kellnerin
youth hostel	Jugendherberge

Wortverzeichnis

ABC ESSEN UND TRINKEN

apple	*Apfel*
beans	*Bohnen*
beef	*Rind(fleisch)*
beer	*Bier*
blackberry	*Brombeere*
bottle	*Flasche*
can	*Dose*
carrot	*Karotte*
cheese	*Käse*
chicken	*Huhn*
common	*gängig, üblich*
cup	*Tasse*
dairy products	*Milchprodukte*
diet	*Ernährung*
fish	*Fisch*
food	*Essen*
food group	*Lebensmittelgruppe*
fruit	*Obst*
glass	*Glas*
ham	*Schinken*
health	*Gesundheit*
healthy	*gesund*
jar	*Krug*
juice	*Saft*
lemonade	*Limonade*
meat	*Fleisch*
milk	*Milch*
onion	*Zwiebel*
orange juice	*Orangensaft*
peach	*Pfirsich*
pear	*Birne*
piece	*Stück*
pineapple	*Ananas*
pork	*Schwein(efleisch)*
potato	*Kartoffel*

poultry	*Geflügel*
recommended	*empfohlen*
rice	*Reis*
salt	*Salz*
soup	*Suppe*
strawberry	*Erdbeere*
sugar	*Zucker*
trout	*Forelle*
tuna	*Tunfisch*
turkey	*Truthahn*
vegetables	*Gemüse*
water	*Wasser*
wine	*Wein*

ABC BEIM EINKAUFEN

apple	*Apfel*
bag	*Tasche*
baker's	*Bäckerei*
bar	*Tafel*
biscuits	*Kekse*
box	*Schachtel*
bread	*Brot*
butcher's	*Metzgerei*
butter	*Butter*
carton	*Karton*
cashier	*Kassierer(in)*
change	*Kleingeld*
cheap	*billig*
coin	*Münze*
courgette	*Zucchini*
cucumber	*Gurke*
egg	*Ei*
flour	*Mehl*
fresh	*frisch*
fridge	*Kühlschrank*
fruit	*Obst*

garlic	Knoblauch
jam	Marmelade
jar	Glas
lemon	Zitrone
lettuce	Kopfsalat
loaf	Laib
mug	Becher
mushroom	Pilz
note	Schein
organic food	Bio-Lebensmittel
packet	Packung
pea	Erbse
pharmacy	Apotheke
pork	Schwein(efleisch)
pound	Pfund
queue	Schlange
shoe shop	Schuhgeschäft
stamp	Briefmarke
supermarket	Supermarkt
sweets	Süßigkeiten
thing	Ding
this afternoon	heute Nachmittag
till	Kasse
tin	Dose
tomato	Tomate
toothpaste	Zahnpasta
trolley	Einkaufswagen
tube	Tube
vegetables	Gemüse
What about ...?	Was ist mit ...?
yoghurt	Joghurt

ABC IM RESTAURANT

anything else	noch etwas
apple pie	Apfelkuchen

baked potato	Ofenkartoffel
bill	Rechnung
bland	fad
burnt	verbrannt
change	Wechselgeld
chips	Pommes
chocolate cake	Schokoladenkuchen
customer	Gast
dinner	Abendessen
dirty	schmutzig
favourite	Lieblings-
fork	Gabel
garlic bread	Knoblauchbrot
heat up	aufwärmen
ice cream	Eis
instead	anstatt, stattdessen
knife	Messer
main course	Hauptgericht
meal	Essen
menu	Speisekarte
mineral water	Mineralwasser
napkin	Serviette
noodles	Nudeln
oily	ölig, fettig
on the house	aufs Haus
order	Bestellung, bestellen
pepper	Pfeffer
piece	Stück
plate	Teller
rather	lieber
roast chicken	Brathähnchen
salmon	Lachs
side dish	Beilage
spoon	Löffel
starter	Vorspeise
waiter	Kellner

Wortverzeichnis

2

ABC IN DER KÜCHE

add	hinzufügen
baked	gebacken
baking powder	Backpulver
barbecued	gegrillt
boiled	gekocht
cake	Kuchen
cauliflower	Blumenkohl
chocolate cake	Schokoladenkuchen
chop	schneiden
dishwasher	Geschirrspülma-schine
dry	trocken
fatty	fettig
flour	Mehl
for about	ungefähr
freezer	Tiefkühltruhe
fried	gebraten
frying pan	Bratpfanne
heat	erhitzen
herbs	Kräuter
juicy	saftig
lean	mager
minced meat	Hackfleisch
mix	mischen
oil	Öl
onion	Zwiebel
outside	im Freien
oven	Ofen
overcook	verkochen
pancake	Pfannkuchen
prepare	zubereiten
scrambled eggs	Rührei
seafood	Meeresfrüchte
serve	servieren
spices	Gewürze
stale	altbacken

steamed	blanchiert
stir	umrühren
sweet	süß
tender	zart
tin	Dose
toaster	Toaster
tomato salad	Tomatensalat
tough	zäh
towel	Handtuch
vinegar	Essig

ABC IM KAUFHAUS

baby changing area	Wickelraum
bag	Tasche
basement	Untergeschoss
belt	Gürtel
black	schwarz
blouse	Bluse
blue	blau
book	Buch
boots	Stiefel
box	Schachtel
briefcase	Aktenkoffer
bright	hell, leuchtend
brown	braun
cap	Mütze
cardigan	Strickjacke
coat	Mantel
colour	Farbe
colourful	farbig
complain	sich beschweren
cosmetics	Kosmetikartikel
customer service	Kundenservice
department	Abteilung
discount	Preisnachlass
dress	Kleid

easy	*leicht*
electrical goods	*Elektrowaren*
exchange	*umtauschen*
expensive	*teuer*
fit	*passen*
floor	*Stockwerk, Etage*
green	*grün*
grey	*grau*
ground floor	*Erdgeschoss*
high	*groß*
hole	*Loch*
jacket	*Jacke*
jewellery	*Schmuck*
jumper	*Pullover*
leather goods	*Lederwaren*
lipstick	*Lippenstift*
overcharge	*zu viel verlangen*
pen	*Füller*
pencil	*Bleistift*
pink	*rosa*
pretty	*hübsch*
price	*Preis*
price tag	*Preisschild*
receipt	*Quittung*
red	*rot*
refund	*Rückerstattung*
sandals	*Sandalen*
scarf	*Schal*
service	*Service*
shirt	*Hemd*
shoes	*Schuhe*
size	*Größe*
skirt	*Rock*
sleeve	*Ärmel*
sports equipment	*Sportartikel*
stationary	*Schreibwaren*
suit	*Anzug; stehen*

sweets	*Süßigkeiten*
tablecloth	*Tischdecke*
tie	*Krawatte*
till	*Kasse*
toys	*Spielwaren*
trousers	*Hose*
try on	*anprobieren*
underwear	*Unterwäsche*
wash	*waschen*
wear	*tragen*
white	*weiß*
yellow	*gelb*

ABC IN DER NATUR

a high of 4 degrees Celsius	*eine Höchsttemperatur von 4 Grad*
along	*entlang*
as ...as	*genauso ... wie*
beach-holiday	*Strandurlaub*
bear	*Bär*
boat ride	*Bootsfahrt*
breeze	*Brise*
chance	*Wahrscheinlichkeit*
chilly	*kühl*
cloud	*Wolke*
cloudy	*bewölkt*
continent	*Kontinent*
country	*Land*
desert	*Wüste*
early	*früh*
east coast	*Ostküste*
evening	*Abend*
excursion	*Ausflug*
fog	*Nebel*
freezing	*eiskalt*
group of islands	*Inselgruppe*

Wortverzeichnis

hail	Hagel
heat	Hitze
hiking	wandern
hole	Loch
holiday resort	Urlaubsort
ice	Eis
Iceland	Island
imagine	sich vorstellen, träumen von
island	Insel
It's raining.	Es regnet.
jungle	Dschungel
lake	See
lightning	Blitz
long	lang
mountain	Berg
mountain range	Gebirge
move in	hereinziehen
north	Norden
not as ... as	nicht so ...wie
people	Leute
Poland	Polen
popular	beliebt
possibility	Möglichkeit
rain	Regen
river	Fluss
sail	segeln
sleet	Schneeregen
snow	Schnee
spot	Ort
spring	Frühling
storm	Sturm
summer	Sommer
sun	Sonne
sunny	sonnig
thunder	Donner
thunderstorm	Gewitter

valley	Tal
visitor	Besucher
volcano	Vulkan
whale-watching	Beobachten von Walen
way	Weg
weather	Wetter
windy	windig
winter	Winter

ABC AM TELEFON

a day off	einen Tag frei
again	noch einmal
as soon as possible	so bald wie möglich
assistant	Assistent(in)
back	zurück
be in	da sein
be out	nicht da sein
call back	zurückrufen
certainly	selbstverständlich
closed	geschlossen
engaged	belegt
Hold the line, please.	Bleiben Sie bitte am Apparat.
message	Nachricht
mobile phone	Handy
phone	Telefon
phone number	Telefonnummer
put somebody through	jemanden verbinden
receiver	Hörer
speak to	sprechen mit
speaking	hier: am Apparat
tone	Signalton
unfortunately	leider
urgent	dringend

2

WORTVERZEICHNIS

weekly	wöchentlich
well-written	gut geschrieben
yearly	jährlich

toe	Zehe
tongue	Zunge
touch	berühren, anfassen

 DER KÖRPER

back	Rücken
belly	Bauch
bend	beugen
blood	Blut
bone	Knochen
brain	Gehirn
ear	Ohr
elbow	Ellbogen
eye	Auge
foot	Fuß
head	Kopf
headache	Kopfschmerzen
healthy	gesund
hear	hören
hurt	wehtun
kick	treten, kicken
kidney	Niere
knee	Knie
leg	Bein
lips	Lippen
lung	Lunge
mouth	Mund
move	bewegen
neck	Hals
nod	nicken
nose	Nase
raise	heben
smell	riechen
stomach	Magen
taste	schmecken
teeth	Zähne
tired	müde

 BEIM ARZT

a sore throat	Halsschmerzen
accident	Unfall
ambulance	Krankenwagen
appointment	Termin
at about	ungefähr um
be on ones way	auf dem Weg sein
bleed	bluten
cold	Erkältung
cough	Husten
crash into	zusammenstoßen mit
cut	(sich) schneiden
dentist	Zahnarzt
disease	Krankheit
ear infection	Mittelohrentzündung
exhausted	erschöpft
fever	Fieber
happen	passieren
heavy	stark
hospital	Krankenhaus
hurt	verletzt; schmerzen, wehtun
ill	krank
injection	Spritze
leg	Bein
meal	Mahlzeit
not ... yet	noch nicht
pain	Schmerz
painkiller	Schmerzmittel
plaster	Pflaster
prescription	Rezept

probably	*wahrscheinlich*
recently	*in letzter Zeit*
shave	*(sich) rasieren*
since	*seit*
stomach upset	*Magenverstim-mung*
tablet	*Tablette*
throat infection	*Angina*
tired	*müde*
toothache	*Zahnschmerzen*
two times a day	*zwei Mal täglich*
weather	*Wetter*

ABC **WOHNEN**

allotment	*Schrebergarten*
attic	*Dachboden*
bathroom	*Badezimmer*
bed	*Bett*
bedroom	*Schlafzimmer*
bookshelf	*Bücherregal*
built	*bauen*
carpet	*Teppich*
central heating	*Zentralheizung*
chair	*Stuhl*
coffee table	*Beistelltisch*
come round	*vorbeikommen*
deposit	*Kaution*
detached house	*Einfamilienhaus*
dining room	*Esszimmer*
dirty	*schmutzig*
dishwasher	*Geschirrspülma-schine*
door	*Tür*
dust	*abstauben*

electricity	*Strom*
fire place	*offener Kamin*
fix	*reparieren*
flat	*Wohnung*
furniture	*Möbel*
gas central heating	*zentrale Gashei-zung*
grow	*züchten, pflanzen*
hall	*Flur*
hedge	*Hecke*
high rise	*Hochhaus*
including bills	*inklusive Neben-kosten*
kitchen	*Küche*
late	*spät*
later	*später*
let	*vermieten*
living room	*Wohnzimmer*
neighbour	*Nachbar*
parking	*Parkplatz*
patio	*Innenhof*
pet	*Haustier*
picture	*Bild*
rent	*Miete*
roof	*Dach*
separate	*getrennt*
smoker	*Raucher*
study	*Arbeitszimmer*
table	*Tisch*
terraced house	*Reihenhaus*
tidy up	*aufräumen*
unfurnished	*unmöbliert*
use	*verbrauchen*
vacuum	*staubsaugen*
vacuum cleaner	*Staubsauger*
wall	*Wand*
wardrobe	*Schrank*

Wortverzeichnis

wash room	Waschraum
washing machine	Waschmaschine

ABC KUNST UND KULTUR

actor	Schauspieler
actress	Schauspielerin
audience	Publikum
channel	Sender
director	Regisseur
editor	Redakteur(in), Herausgeber(in)
exhibition	Ausstellung
introduce	vorstellen
jump out	herausspringen
latest	neueste / n / s
musician	Musiker(in)
novel	Roman
organize	organisieren
paint	malen
painting	Malerei
picture	Bild
play	Theaterstück
poem	Gedicht
singer	Sänger(in)
trumpet	Trompete
violin	Geige

ABC IM BÜRO

accountancy	Rechnungswesen
administration	Verwaltung
appointment	Termin, Treffen
arrange	vereinbaren
at short notice	kurzfristig
be in touch	sich in Verbindung setzen

biro	Kugelschreiber
bookshelf	Bücherregal
boring	langweilig
briefcase	Aktenkoffer
business card	Visitenkarte
customer service	Kundenservice
CV	Lebenslauf
data processing	Datenverarbeitung
desk	Schreibtisch
diary	Terminkalender
drawer	Schublade
envelope	Briefumschlag
feel about	halten von
file	Aktenordner
human resources	Personalabteilung
in case	falls
internet page	Internetseite
keyboard	Tastatur
maintenance	Wartung
management	Geschäftsleitung
paper	Papier
phone box	Telefonzelle
printer	Drucker
produce	herstellen
professional qualifications	berufliche Qualifikationen
recommend	empfehlen
sheet	Blatt
skill	Fähigkeiten
work experience	Arbeitserfahrung